Para Entender
Pietro Ubaldi

Jorge Damas Martins
Júlio Couto Damasceno

Para Entender Pietro Ubaldi

SÉRIE PARA ENTENDER

Lachâtre

© 2002 Jorge Damas Martins e Júlio Couto Damasceno

INSTITUTO LACHÂTRE
Caixa Postal 164 – CEP 12914-970
Bragança Paulista – SP
Telefone: 11 4063-5354
Site: www.lachatre.org.br
E-mail: editora@lachatre.org.br

PROGRAMAÇÃO VISUAL DA CAPA
ANDREI POLESSI

2ª edição – Junho de 2012
Do 1.001° ao 2.000° exemplar

A reprodução parcial ou total desta obra, por qualquer meio, somente será permitida com a autorização por escrito da editora.
(Lei n° 9.610 de 19.02.1998)

Impresso no Brasil
Presita en Brazilo

CIP-BRASIL. CATALOGAÇÃO NA FONTE

Martins, Jorge Damas, 1957 -
 Para entenderPietro Ubaldi – Jorge Damas Martins e Júlio Couto Damasceno; prefácio de Stenio Monteiro de Barros – 2ª ed. Bragança Paulista, SP : Lachâtre, 2012.

 192 p. (Série Para Entender)

 1.Ubaldi, Pietro, 1886-1972. 2. Espiritismo. I.Damasceno, Júlio Couto, 1966. II.Barros, Stenio Monteiro de, 1945 - *pref.* III. Título. IV. Série.

CDD 133.9   CDU 133.7
920.9133   929.133

Nosso carinho agradecido aos
sinceros amigos de Pietro Ubaldi:
Armanda Pereira da Silva e César Burnier.

Onde está o Espírito de Senhor, aí há liberdade.
(Paulo, II Cor 3,17)

Sumário

Prefácio, 11
Bilhete fraterno, 13
I - Para entender a queda espiritual, 15
II - Para entender a personalidade de Cristo, 57
III - Para entender a evolução da matéria, 65
IV - Para entender o monismo, 81
V - Para entender a evolução dos níveis de consciência, 87
VI - Para entender a missão de Pietro Ubaldi, 93
Obras de Pietro Ubaldi, 181
Anexo – No roteiro cristão, 183

PREFÁCIO

CARTA AO LEITOR

Rio de Janeiro, 12 de junho de 2002

Prezado leitor:

Meditamos profundamente e concluímos que a forma de uma "carta ao leitor" seria a melhor apresentação do livro *Para entender Pietro Ubaldi*, de nossos queridos amigos Jorge Damas Martins e Júlio Couto Damasceno, a exemplo de Monteiro Lobato quando encaminhou *A grande síntese* ao seu caro Anísio Teixeira.

Conhecendo o seu conteúdo, sentimo-nos estremecer tal qual o jovem Pietro ao ouvir pela primeira vez a palavra 'evolução'.

Teve início, aí, a verdadeira evolução da obra ubaldiana, toda ela captada de consecutivos contatos psíquicos com *Sua Voz*, sua fonte inspiradora, logo identificada por opiniões autorizadas tratar-se do amado Mestre Jesus.

O livro *Para entender e Pietro Ubaldi* retrata a capacidade inspirativa de seus autores em exprimir e esclarecer o sentido e o significado dos pensamentos do apóstolo da Úmbria. E o fazem impressionantemente de maneira concisa, conseguindo nos transmitir com deslumbre a amplitude e grandiosidade da vultosa obra de Pietro

Ubaldi. Compreendemos, assim, mais uma vez, que a desencarnação não mata ninguém, que Ubaldi continua vivo, plenamente vivo, em nossos corações.

É um trabalho elaborado da análise dos conceitos contidos desde *A grande síntese*, que integra a primeira parte escrita na Itália até a inspirada inteiramente no Brasil, com término em *Cristo*, ápice de uma obra que nos permite melhor compreender a real essência de Jesus, modelo de vida para todos nós.

Caro leitor, leia *Para entender Pietro Ubaldi* sem a avidez de chegar, o mais rápido possível, à sua última página. Sinta o verdadeiro significado de suas palavras e traduza, com profunda reflexão, o raciocínio e objetivo emanados de cada capítulo do livro.

Compreenderá, então, com fascínio, a magnitude dos ensinamentos de Pietro Ubaldi, revelados com propriedade pelos autores.

Estes enfoques, elegemos imprescindíveis à plena leitura da obra ora prefaciada.

Mil abraços do amigo

STENIO MONTEIRO DE BARROS

BILHETE FRATERNO

Neste ano, a "Mensagem do Natal" – primeira da série de *Grandes Mensagens* recebidas por Pietro Ubaldi a partir de 1931 – está completando setenta e um anos. Impressiona perceber como o tempo passou rápido. O livro *Cristo*, último da coleção de 24 volumes, foi concluído no Natal de 1971 – portanto, há 31 anos!

Na alvorada do que o próprio Ubaldi denominava a "nova civilização do terceiro milênio", sua obra está mais jovem e mais forte do que nunca. Seus livros estão todos aí, publicados, recebendo sucessivas edições e atraindo um número sempre maior de leitores. Os congressos anuais, dedicados ao estudo mais aprofundado de seu trabalho, têm público crescente. *Sites* na internet divulgam o pensamento de sua Voz com alegria e modernidade.

Só falta agora estudar. Algumas casas espíritas e espiritualistas já oferecem estudos regulares da obra ubaldiana, que, por sua profundidade, torna-se muito mais acessível com o estudo coletivo e o debate fraterno.

Para os que conhecem as duas vertentes da obra – a do codificador e a do apóstolo da Úmbria –, a relação de continuidade e complementaridade entre uma e outra é evidente.

Cada volume de Ubaldi desenvolve e completa, de forma impressionante, um pedacinho da Codificação. *A grande síntese*, por exemplo, é o desenvolvimento perfeito da questão 540 de *O livro dos espíritos*. Nessa passagem, Kardec nos fala da imensa trajetória que leva do átomo ao arcanjo e que começou, um dia, por ser átomo. A *Síntese* da Voz mostra-nos, passo a passo, essa longa jornada. *As noúres* e *Ascese mística* poderiam, perfeitamente, ser um capítulo adicional de *O livro dos médiuns*. *Problemas do futuro* parece a continuação do *Gênesis*. O capítulo "Como orar", de *Ascensões humanas*, remete-nos imediatamente à parte referente às preces no *Evangelho segundo o espiritismo*. *Deus e universo* e *O sistema* trazem a nossa mente as questões mais profundas do Codificador acerca da origem da Criação e da Vida Universal[1]. *Queda e salvação* e *Pensamentos* lembram *Céu e inferno*, chamando atenção para a correspondência como que matemática entre causa e efeito também na vida moral. *Problemas atuais* traz um primoroso ensaio sobre a reencarnação, esclarecendo o que foi chamado de *dogma* na questão 132 de *O livro dos espíritos*.

Enfim, as correlações são numerosas. Provavelmente o prezado leitor perceberá muitas mais, deleitando-se, então, com uma doutrina ainda mais gigantesca, mais bonita, mais atual do que nunca, tranquilamente capaz de enfrentar a razão face a face, encantando-a com um Evangelho renovado, redivivo.

Que fique registrado, então, este bilhete fraterno – simples, rápido, conciso, objetivo como todos os bilhetes, redigido a quatro mãos apenas para dizer a todos o bem que nos tem feito essa doutrina espírita tão maior, tão mais profunda e bonita, exata infinitude onde encontramos Kardec e Ubaldi juntos!

A todos, a Paz.

OS AUTORES
Agosto de 2002
VII CONGRESSO NACIONAL DE PIETRO UBALDI
RIO DE JANEIRO – RJ

---

[1] Vide a respeito, por exemplo, as questões 85, 86, 113, 115, 122, 123 e 256 de *O livro dos espíritos*.

I – PARA ENTENDER A QUEDA ESPIRITUAL

A vida é sempre ascensão. Em todos os campos do saber, seja biológico, psicológico, moral ou espiritual, há contínua evolução. O pensamento é dinâmico e se expande à medida que vai amadurecendo no decurso da existência. Em Pietro Ubaldi, surpreendemos este fenômeno do crescimento em sua obra. Obra vasta, escrita durante 40 anos – de 1931 a 1971 – e alcançando 24 volumes. Para o leitor adentrar em seu perfeito conteúdo, deve lê-los metodicamente, por ordem de criação. Um por um e todos os tomos. No entanto, num esforço didático, Ubaldi afirma que a coluna vertebral de suas ideias está contida em cinco tomos principais:

1) *A grande síntese*
2) *Deus e universo*
3) *O sistema*
4) *Queda e salvação*
5) *Cristo*

Iniciando esta viagem ubaldiana, neste capítulo vamos nos dedicar a um dos seus fundamentais temas de exploração: o conceito de *criação*. Ubaldi o desenvolve nos seus mais importantes títulos: de 1932 a 1935, em *A grande sín-*

tese; em 1952, no intuitivo *Deus e universo*; em 1956, no filosófico e racional *O sistema*; em 1960-61, por um esquema gráfico em *Queda e salvação*. Ao longo do tempo, intuindo, analisando e escrevendo, Ubaldi aprofunda o conceito.

Já num dos seus mais recentes trabalhos – *A técnica funcional da Lei de Deus* (1969) – ele comenta, no capítulo sugestivamente intitulado "O conceito de criação", que a partir deste conceito o leitor poderá perceber como o seu "pensamento, a través de aproximações sucessivas, avança na direção de uma verdade cada vez mais profunda [...] pois os conceitos expostos neste volume correspondem a uma nova forma mental, a do adulto" (pp. 235 e 237). E continua:

> Não é necessário o conceito de uma primeira criação [como escreveu em seus livros anteriores], a do Sistema S, isto é, a passagem da divindade do seu estado homogêneo a um estado diferenciado. A divindade pode ter existido sempre nesse estado orgânico, resultante da ordem de seus elementos componentes, isto é, no estado de S. Assim, não teria ocorrido uma criação do S, porque Deus teria sempre existido no estado de S. (p. 233).

> Então o S representa o único modo de existir de Deus, um estado perfeito que não admite mudanças, transformações, portanto criações. Não há necessidade de imaginar em Deus o chamado fenômeno interior de auto-elaboração, quando Deus poderia sempre ter existido no seu estado orgânico perfeito. Daí poder-se concluir também que não houve nenhuma criação verdadeira. Esta ideia de criação seria então apenas uma imaginação do homem, uma construção de tipo mitológico, para explicar a origem das coisas que via... O homem tirou essa imaginação do único campo que lhe era acessível, o do seu concebível, estabelecido pela sua experimentação no seu próprio ambiente, isto é, do seu modo de proceder na produção das coisas. (pp. 233-34).

Pelo exposto, temos um Sistema orgânico, formado por infinitos elementos ou células, que são espíritos puros, conscientes e perfeitos em relação à função específica que exercem no todo. É o que a inspiração de Paulo, o Apóstolo, ensinou: "o corpo é um só, mas tem muitos membros" (1Co, 12,13). Órgãos com diferentes funções, perfeitos e completos somente em sua especificidade. Uma grande harmonia entre notas diversas para compor a unidade sinfônica ou orgânica do sistema. Vamos reescrever este conceito de forma mais didática:

Eu Sou Maior = Sistema = Todo = Lei = Deus = Organismo

Eu Sou Menores = Espíritos = Partes = Deuses = Órgãos

Só o todo, a Lei, tem o conhecimento absoluto que transcende o conhecimento individual, que é imanente em cada elemento e possui perfeição relativa à função exercida no organismo. O conhecimento perfeito do ser estava apenas no interior de sua função, que precisava somar-se ao conhecimento dos outros elementos – os quais, em conjunto, completavam-se uns aos outros na onisciência do *eu diretor* ou *lei*. Assim, os elementos formavam uma hierarquia subordinada ao todo.

Falamos em *Eu Diretor* e elementos submissos. Precisamos definir claramente qual é a relação entre o todo e as partes. Já apontamos que Deus é sinônimo de Lei. Ora, a Lei (com letra maiúscula) já se encontra definida no Evangelho: Deus é amor (1Jo, 4,8.16). Este é o grande lema de amar ao próximo como a si mesmo, a Lei que, vivida, forma uma imensa sinergia. A frase é completa, pois mostra uma relação que envolve eu e nós: "próximo" e "si mesmo". Não se diz apenas o contraproducente e egoísta "ama a si mesmo", tampouco o altruísmo exacerbado, fruto de uma loucura exacerbada, do apenas "ama o seu próximo". O mandamento apresenta uma harmoniosa coordenação. Há aqui um perfeito equilíbrio entre o que Pietro Ubaldi chama de egocentrismo ("ama a ti mesmo") e altruísmo ("ama ao teu próximo"), e este equilíbrio é medido pela Lei numa balança de absoluta precisão, como se encontra no Primeiro Livro de Samuel (2,3): "O Deus de sabedoria pesa todos os espíritos na *balança*." O espírito é consciente de qual deve ser sua postura comportamental frente à Lei, da qual ele é *imagem e semelhança*, mas não *identidade*:

. Renúncia cheia de deveres;
. Obediência;
. Reconhecimento de sua posição subordinada ao todo.

Mas alguém mais atilado pode estar-se perguntando pelo conceito de livre-arbítrio. Se o ser precisa desta renúncia, obediência e reconhecimento, seria ele um autômato? Ubaldi ensina, e ensina bem, quando esclarece que o ser é livre, podendo agir contra o sistema. O princípio da liberdade contém a possibilidade – não a necessidade – do erro. Quem também o explica é o tribuno Newton Boechat: "Se o mal fosse uma necessidade, Jesus não pediria ao Pai celestial para nos livrar dele. O mal seria uma fatalidade... o que o nosso senso moral repugna." (*O espinho da insatisfação*, FEB, p. 73). Contudo, aprofundemos mais, pois "tudo se reduz a explicar melhor, cada vez mais claro e evidente, até que se compreenda", já assegurou Pietro Ubaldi.

Para existir, todo ser diz *eu*. E o eu harmonizado manifesta um egocentrismo positivo, pois é centro para irradiar, dar, abraçar, defender, integrar, sacrificar e unir. É centrípeto, amor, ordem. No entanto, se o ser manifesta um egocentrismo negativo, é egoísta, pois é centro para sujeitar, absorver, tomar, separar, desagregar. É centrífugo, desobediente, é desordem, é tumor que precisa urgentemente ser limitado em sua expansão e tratado com os recursos previdentes e sábios da lei, pois seu desgoverno exacerbado destruiria o Todo e, automaticamente, se autodestruiria – caso a lei não venha intervir.

Tudo isto se passa no campo da consciência e da responsabilidade. Os espíritos conheciam seus limites, não eram ignorantes e sim perfeitos, dentro da orgânica posição hierárquica relativa a sua função. Só havia ignorância na desequilibrada intromissão na função alheia. Só nesta zona desconhecida podia nascer o erro, como consequência da ultrapassagem de limites e usurpação de poderes. O grande exame estava na aceitação livre e espontânea da lei, por amor. É o que J-B. Roustaing chama de "precioso e perigoso dom do livre-arbítrio" (*Os quatro evangelhos*, FEB, tomo I, p. 78). E o espírito, diante do nível de conhecimento de que era portador, para o seu próprio bem deveria fazer a escolha da adesão à lei, livre e consciente, reconhecendo a superioridade benéfica da organicidade e se fundindo em sua ordem, tornando-se colaborador pela compreensão. Acreditar que é possível chegar à positividade ou felicidade seguindo o caminho da negatividade e da desobediência é o absurdo da revolta. Não! É impossível! Jesus, o Mestre, já ensinou: "Pai não se faça a minha vontade, e sim a tua" (Lc, 22,42). E Allan Kardec esclarece: "A lei natural é a lei de Deus. É a única verdadeira para a felicidade do homem. Indica-lhe o que deve fazer ou deixar de fazer e ele só é infeliz quando dela se afasta." (*O livro dos espíritos*, FEB, p. 614). À objeção de que o erro é defeito ou fraqueza da Lei, contrapomos que é melhor ser livre, podendo errar e se corrigir, que ser autômato. E também deve ser levado em conta que a coparticipação nos benefícios e vantagens da Lei só seriam concedidos ao espírito que, por amor, aceitasse as recíprocas posições hierárquicas do Sistema.

Em "absurdo da revolta", expressão usada acima, temos o que se convencionou chamar de *queda dos anjos*, em uma linguagem antropomórfica. Mas *queda* não exprime um conceito exato, pois o sistema é igual ao todo – com o que é infinito – e, assim sendo, não é possível uma expulsão no sentido espacial como, sugere a palavra *queda*. Na realidade não havia espaço. O conceito mais preciso é:

. Queda de dimensões.
. Desmoronamento de valores, no sentido espiritual e moral.

Corretamente, a *queda* é um processo de corrupção do espírito, ou decadência do estado de espírito. A ideia de deslocamento se substitui pela de mudança no estado da substância que constituía o espírito originariamente. Poderíamos falar em contração individual – contração como reação lógica ao exagerado impulso expansionista, reação como antípoda da ação ou contração para planos interiores. Verdadeiramente, a revolta projetou o centro vital do ser: o interior tornou-se exterior e vice-versa.

Isto explica o surgimento da energia e da matéria em um ambiente em que só se manifestava o espírito. Na totalmente espiritual estrutura do ser, deveriam existir a matéria e a energia em estado latente ou embrionário, puramente potencial, como possibilidade pronta a tornar-se ato no primeiro impulso expansionista de revolta. Sendo a Lei onisciente, ela previa a possibilidade da queda para os espíritos que assim desejassem – bem como o limite desta queda, na curva sinistrogira da energia e nas grades acanhadas da matéria, como um antídoto visando à cura.

Vimos que o espírito que livremente optou pela revolta contraiu sua substância originária, gerando o desmoronamento do ser na escala das dimensões e de todas as qualidades em sua posição inversa:

sistema x anti-sistema
espírito x matéria
liberdade x escravidão
conhecimento x ignorância
luz x trevas
unidade x separação
vida x morte
consciência x inconsciência

Há ainda um ponto importante a ressaltar: contração não significa destruição, mas apenas anulação como vida e consciência, por ter o espírito ficado sepultado no estado de matéria. Então, anti-sistema, matéria, escravidão, ignorância, trevas, separação, rebelião, inconsciente e morte surgiram somente com a queda espiritual, como fruto da loucura exacerbada dos que assim desejaram. Paulo de Tarso já havia registrado: "O salário do pecado é a morte." (Ro, 6,23). Evidentemente foi este pecado original ou erro primeiro que gerou a queda espiritual. A. Kardec ensina, pelos mensageiros da verdade:

> Por que é que alguns Espíritos seguiram o caminho do bem e outros o do mal?
> R. Não têm eles o livre-arbítrio? [...] Os que são maus, assim se tornaram por vontade própria. [...] É a grande figura emblemática da *queda* do homem e do pecado original: uns cederam à tentação, outros resistiram. (*O livro dos espíritos*, pp. 121-22).

Pelo conteúdo do tema abordado, já podemos fazer algumas perguntas que certamente o leitor mais atento deve estar-se fazendo.

1) A queda foi igual para todos?

A queda de dimensões é proporcional à posição de cada elemento no sistema. Para os mais altos na hierarquia de funções, maior a queda e maior o esforço de subida, porque mais longo é o caminho de regresso. Note-se que estamos falando em hierarquia de funções e não de valores. Dentro do esquema perfeito do sistema, *todos os espíritos têm a mesma importância*. A hierarquia de funções sugere, obviamente, que há elementos com maior ou menor conhecimento que outros – assim como semelhança o organismo sabe mais que o órgão; o órgão, mais que o tecido; o tecido, mais que a célula. Logicamente não se pode perguntar qual é o mais importante, se o tecido ou a célula: todos têm a mesma importância pelo fato evidente de que um não pode existir sem o outro.

Nem todos caíram até o estado de matéria. A evolução pode ter partido de planos como o mineral, vegetal, animal, humano ou ainda superiores. Aliás, Allan Kardec escreveu sobre esta particularidade:

> (...) o planeta Terra não é o ponto de partida da primeira encarnação humana. O período da humanização começa, geralmente, em mundos ainda inferiores à Terra. Isto, entretanto, não constitui regra absoluta, pois pode suceder que um Espírito, desde o seu início humano, esteja apto a viver na Terra. Não é frequente o caso; constitui antes uma exceção. (*O livro dos espíritos*, perg. 607 b).

2) A queda foi rápida ou lenta?

A resposta é surpreendente, pois apareceu na visão de Pietro Ubaldi como um acontecimento rápido. Da mesma forma como Jesus havia revelado em sua visão: "Eu via satanás cair do céu como relâmpago" (Lc, 10,18). *Satanás* significa "adversário da Lei divina". São os Espíritos que livremente optaram pela revolta. *Céu* é sinônimo de sistema, paraíso etc. "Cair", na frase de Jesus, é o fenômeno da queda, que gerou o movimento da involução espiritual. E relâmpago é um evento que sugere rapidez, velocidade. E ainda é preciso dizer que os elementos mais potentes na hierarquia – e por isso mais altos no momento da partida, da queda – tiveram um processo de involução mais demorado que os demais, como logicamente se deduz.

3) Há espíritos que ainda estão no caminho da destruição daquela inteligência de origem? Ou melhor: há espíritos que ainda estão em queda?

Pietro Ubaldi comenta no seu *A técnica funcional da lei de Deus*, no capítulo "A inteligência do diabo":

> A presença da inteligência e sua potência nos mostram que o ponto de partida é o S. O seu emborcar no mal comprova que a direção é o AS. Assim se explica o

poder do mal e a sua inteligência, fato cuja presença é inegável... Ora, perguntamo-nos: é inteligência a que encontramos no mal? Seu modo de agir é o de um ser consciente ou de um inconsciente?... A inteligência é qualidade do S [sistema] e o mal, qualidade do AS [anti-sistema]. Aqui entendemos por inteligência a verdadeira, sã, honesta, altruísta, construtiva, que é a do S. A inteligência positiva, a do bem, não deve ser confundida com a negativa, do mal, enferma, desonesta, egoísta, destrutiva, a da revolta. A do diabo é uma inteligência deste segundo tipo, isto é, invertida, revirada, perigosa não só para os outros, mas também para quem a usa, porque, fazendo o mal, o ser faz sobretudo, a si mesmo. Mas então uma tal inteligência, que só prejudica a si mesma, pode-se chamar inteligência ou não seria antes uma inconsciente loucura?... O dinamismo neste caso é invertido; não é vital, mas mortífero; não serve para conduzir à alegria, mas para aprisionar-se sempre mais no inferno da dor. Este é, de fato, o último resultado da inteligência e do dinamismo de satã: construir para si o próprio inferno."(pp. 221-22).

A inteligência de satã não passa de um resíduo corrompido daquela que foi a sua inteligência no sistema, continua Ubaldi,

> [...] uma inteligência e dinamismo em descida, fortes ainda, que servem somente para enterrar-se, mas que estão em via de enfraquecimento e anulação.
> [...] recordemos que a queda não é a destruição do indivíduo, mas de suas qualidades. Este resiste, mas em posição invertida. Na matéria, de fato, a inteligência não está morta, porém, somente aprisionada. Ela permanece, mas o indivíduo não é mais um senhor dela é seu servo. A involução leva ao seu aprisionamento. O átomo é uma máquina complexa, bem calculada em cada parte e movimento. Mas a inteligência que dirige tudo isso não é mais a sua e sim a de Deus. A liberdade não pertence mais ao ser, que do próprio funcionamento não tem mais consciência nem poder diretivo. Nesse nível, vemos que desapareceram as qualidades do S, que voltarão a aparecer no homem reconquistadas com a evolução. Fica no

átomo uma inteligência, mas não lhe pertença; fica um movimento, mas de forma obrigatória. (p. 223).

A explicação é lógica: os rebeldes de menor potência caíram mais facilmente, atingindo mais rapidamente o fundo da trajetória da própria *queda*. Para as grandes massas o período da involução terminou. Mas os rebeldes de maior potência, dispondo, de maior possibilidade de resistência diante dos efeitos da queda, conservaram mais tempo suas qualidades de origem, embora em posição invertida do bem em mal. A descida está em curso, o que significa que estão lançados para a inconsciência e a escravidão da matéria, nas quais é fatal que caiam. (p. 234)

4) Qual foi o número dos caídos?

Os elementos do sistema são infinitos (∞). Pode-se subtrair qualquer parte que ele permanece para sempre infinito. Assim, o sistema não sofreu prejuízo com a *queda*, continuou íntegro. É uma formula simples:

$$\infty + N = \infty - N$$

O Apocalipse de João registra o fato de que os espíritos caídos somam a menor parte afirmando que a queda "arrastou a terça parte das estrelas do céu" (12,4), ou da totalidade dos espíritos do sistema. Evidentemente é uma linguagem simbólica, pois o infinito é sempre infinito. O que João, sob o jugo da letra, quis dizer é que o número dos caídos é finito, apesar de ser uma grande quantidade. Ubaldi ainda comenta:

> (...) quem quisesse ter uma ideia do número que poderia medir a quantidade dos elementos constitutivos do Anti-Sistema, por exemplo, no plano representado pela matéria, experimente contar o número dos elementos que compõem os átomos em todo o universo. Como se vê, se não encontramos o infinito, porque nos achamos no Anti-Sistema, encontramos quantidades incomensuráveis. (*O sistema*, p. 198).

Trabalhemos agora algumas objeções à teoria da queda.

1) Faltava ao ser o conhecimento das consequências da queda

A resposta ubaldiana é que se o ser fosse dotado da consciência do dano antecipadamente, ele teria seguido as exigências do sistema no seu egoístico interesse, a fim de furtar-se a um dano, e não por amor. Um ato de aceitação tão fundamental não se pode basear no egoísmo, o ser não era totalmente sábio, nem totalmente ignorante: era perfeito apenas, na sua posição hierárquica.

2) A Divindade poderia ter feito melhor

O que é o melhor? A própria objeção é uma prova da queda. Como é difícil para o ser do anti-sistema a aceitação da obediência à Lei. Esta objeção é um ato de rebeldia, sagrado patrimônio do livre-arbítrio. A psicologia da revolta é não querer reconhecer nossos defeitos e culpas e ilusoriamente tentar transferi-los para Lei onisciente.

E continuemos o nosso esforço de síntese para melhor compreensão do pensamento de Ubaldi. Falamos muito de sistema, mas também citamos o anti-sistema. Vamos, portanto, conhecê-lo mais de perto. Em verdade, já estamos mais que perto, pois nos encontramos mergulhados nele. O anti-sistema é uma grande ferida de mal e dor gerada pela queda espiritual e só pode ser cicatrizada pela evolução, o segundo semicírculo, que é consequência inevitável do primeiro, o da involução, que ocorre após a queda.

A principal característica do anti-sistema é a dor. Ela é o sinal da alma rebelde, recordando-lhe a sua grande tragédia. No entanto, é bom ressaltar logo, o mal e a dor não podem ser eternos, pois o amor de Deus é poderoso e misericordioso, e permanece com o ser do anti-sistema em imanência, já que não saímos da infinitude do sistema. Paulo dos Gentios disse em Atenas: "Deus... bem que não está longe de cada um de nós; pois nele vivemos, e nos movemos, e existimos." (At, 17,27-28)

O anti-sistema configura-se pela inversão: as qualidades positivas tornam-se negativas. O processo de inversão, a descida involutiva, um atrito provocado pela desordem (o anti-sistema) que por força quer nascer no seio da ordem (o sistema), e também pela ordem, que no seio da desordem quer manter-se íntegra, não ficar presa e nem ser demolida pela desordem. Atrito ou dor são criação do anti-sistema e nele temos o esgotamento do impulso da revolta.

Uma das formas de manifestação dessa dor anti-sistêmica é o estado de carência: há um vazio, uma sensação de falta e uma saudade acompanhada de choro marca a constante agitação do instinto de insatisfação. Tal instinto aflora em anseios de vida e felicidade, em uma desesperada lembrança do paraíso perdido. Quanto mais se desce, mais aumenta a carência de tudo que se possuía no sistema, o que é uma grande reação da Lei, uma coação indireta, sem constrangimento, em forma de auto-reação. Assim, onde a Lei está mais ausente – não em substância, mas em consciência – mais ela se faz presente pelo efeito da carência. O filho pródigo da parábola (Lc, 15,11-32) é um exemplo de como a carência é uma atuante mola de impulso evolutivo. Quando o anti-sistema chega a sua plenitude, a máxima expansão da negatividade, temos a maior expressão de atrito, dor e carência. Neste momento, a positividade, por seu lado, está na máxima concentração, potencializada e dinamizada. Então, como uma imensa mola comprimida e já com o impulso do retorno, ela inicia a longa subida evolutiva. A Lei é paciente e sabe esperar, sem se constranger. Quando o anti-sistema encontra a sua plenitude, a positividade da Lei comprimida começa a reagir. Sua resistência elástica pode ser comparada à borracha, que cede, mas resiste. Assim a positividade da Lei: quanto mais cede, tanto mais se retesa, para reconduzir tudo ao estado normal do sistema.

Mas se poderia reclamar da falta de livre-arbítrio? Não: o ser chegou a este ponto porque se valeu de sua plena liberdade. No entanto, ele encontrou atrito, dor e carência à exaustão. Como pode o espírito continuar usando a liberdade no sentido de aumentar o próprio dano e diminuir a própria vantagem? É o absurdo da pena eterna, que pelo exposto não tem razão de ser. É uma questão de bom senso. Então, o interesse egoístico deverá prevalecer, pois que a dor, intensificando-se sempre, superará o limite individual de tolerância. E com isso se elucida de uma vez por todas que a queda não foi uma vingança da Lei: "Deus é bom" diz Jesus no Evangelho (Mc, 10,18). O estado lastimável gerado pela queda é uma punição infligida pelo ser a si mesmo.

Quando chega ao limite, fechado em si mesmo na forma de matéria, angustiado pela dor imensa e na prisão impossibilitado de cometer mais loucuras, o espírito se encontra nos braços da Lei. Suspirando de felicidade, ele se deixa levar de volta. É o começo da trajetória evolutiva, que através das formas sucessivas busca a conscientização, a espiritualização, a sublimação. Quem sobe segue uma curva que se abre, em expansão, dilatando-se a tal ponto que atinge o infinito. Evolução é um movimento dextrogiro aberto. Não é uma construção inédita. Não se realiza ao acaso ou por tentativas cegas. A evolução é trilha preestabelecida. O espírito sobe evoluindo pelo caminho já conhecido na descida involutiva. No seu *Tao te king*,[2] no século 6.º a.C., Lao-tsé, chamou a trilha preestabelecida de Tao, "o caminho". Jesus anunciou este caminho evolutivo dizendo que ao seguir sua trajetória se chega até a "Verdade e a Vida"[3] (Jo, 14,6).

[2] Sugerimos a excelente tradução do professor Huberto Rohden, edição da Fundação Alvorada, com notas e comentários.
[3] O dr. Carlos Torres Pastorino, que foi professor de grego e latim na Universidade de Brasília, assim traduz esta passagem: "Eu sou o caminho da Verdade e da Vida." E comenta: "A Verdade e a Vida são a meta que não pode confundir-se com o 'caminho' que a ela leva. Jamais diríamos: 'este é o caminho *e* a cidade', mas sim 'este é o caminho da cidade', 'caminho', em si, nunca poderá constituir um

Os primeiros impulsos evolutivos são muito fracos, são ascensões mínimas. Mas a atração do sistema jamais cessa: embora longínqua e débil, ela é constante. Cada movimento oscilatório da evolução representa maior atração positiva por estar se aproximando do sistema, e um enfraquecimento por estar se afastando do anti-sistema. Logo, a evolução é mais lenta e penosa embaixo e mais rápida e feliz no alto. Com isto, a evolução está cada vez mais próxima de sua finalidade: conduzir o espírito de volta ao sistema, para que readquira a perfeição originária. Tal subida finita é proporcional à descida, também finita, da involução. Percorrida evolutivamente toda a trilha preestabelecida, o espírito já aprendeu a cumprir a sua função específica no funcionamento do todo. Concluído este aprendizado, a evolução individual está concluída. Não obstante, o ser continua evoluindo no interior do sistema, mas de forma diferente: agora ele é elemento fundido a seus semelhantes, a evolução não é mais um processo individual – é um crescimento orgânico.

Acompanhemos Ubaldi:

> Quando o ser chega a executar o trabalho que lhe cabe e, por ter aprendido toda a lição, destrói com o seu esforço e experiência a parte negativa, transformando-a em positiva, então ele atinge o conhecimento total da Lei até ao nível de vida ao qual pertence e realiza a sua evolução. E neste ponto que ela tem de parar, porque o ser voltou ao ponto de partida e a viagem de volta (evolução) está completa, na qual o ser neutralizou a viagem de ida (involução), reintegrando no que lhe diz respeito o que ele havia destruído e tornando-se o que ele era antes.
>
> Então, terminar o caminho da evolução, isto é, voltar a Deus no seio do S, não significa ter percorrido o mesmo percurso evolutivo, igual para todos os seres. Que faz então um elemento quando tiver atingido o estado de sua perfeição relativa? Ele não pode mais evoluir? Fica assim paralisado? Que impede a sua ulterior evolução?

objetivo: é o meio para chegar-se ao objetivo, à meta."(*Sabedoria do Evangelho*, Edição Sabedoria, 1971, vol. 8, pp. 06 e 11).

Para compreender, temos de levar em conta outro princípio: o das unidades coletivas (v. *A grande síntese).* Por esse princípio o indivíduo se agrega aos seus semelhantes, mas sem perder a sua individualidade, que permanece como elemento do novo conjunto coletivo. Ora, quando um determinado elemento atingiu o estado da sua perfeição relativa, cumpriu espontânea e conscientemente, em perfeita e convencida obediência, o que a Lei quer, então ele pára com a evolução individual porque pára esse elemento que já voltou ao seu plano de vida, não há mais caminho a percorrer. Mas nem por isso ele fica paralisado na sua volta para Deus.

O ser continua evoluindo, mas de uma forma diferente: não como elemento singular separado, mas como elemento constituinte de uma unidade coletiva da qual agora faz parte. Aqui começa a funcionar o princípio das unidades coletivas. Lembremo-nos de que o objetivo da evolução é a reconstrução do organismo do S, voltando do estado caótico ao estado orgânico de ordem, destituído pela revolta. Vimos também que o separatismo egocêntrico é qualidade do AS, enquanto a fusão num estado unitário é qualidade do S. É lógico então que a evolução leve o ser da primeira à segunda forma de vida. Então, chegado a esse ponto, o ser não trabalha mais só para a sua evolução como elemento separado, não progride só para si, como indivíduo, mas avança como elemento fundido com os seus semelhantes na unidade coletiva maior, da qual agora faz parte.

Essa nova forma de evolução é possível, devido também a outro fato: quando o funcionamento de um elemento, por ter realizado a sua evolução até à sua perfeição relativa, se torna completo, automático e determinístico (sem as tentativas e os erros da fase experimental construtora), se pode, com certeza absoluta, contar com o seu trabalho; e neste momento é possível iniciar a obra de uma construção superior, com esse elemento. Seria absurdo querer iniciar um trabalho evolutivo sem ter antes acabado o precedente, sobre o qual o novo se levanta, seria perigoso para construir usar elementos não estáveis que não constituem um apoio certo, um problema já resolvido, uma certeza de conduta com a qual a unidade superior possa contar. A construção da nova unidade-grupo pode ser iniciada somente quando as experiências, vividas pelos seus elementos já constituídos, foram definitivamente assimiladas em forma de instinto, de modo que não há mais a incerteza da livre escolha na conduta de cada indivíduo. A fase da incerteza e da tentativa pertencem à da construção e já houve. Somente é possível aceitá-la apenas para a unidade nova que se está construindo, mas não para os seus elementos constitutivos. Os tijolos devem ser bem feitos, quando são usados para levantar um edifício. Para que haja garantia de estabilidade é necessário que, enquanto esteja concluído o andar inferior, não se possa subir ao superior.

Então a evolução prossegue igualmente para cada elemento individual que continua progredindo, mas não mais isolado no separatismo de uma sua particular-evolução egocêntrica, que já está realizada, mas na única forma agora possível, como elemento da unidade maior, da qual faz parte. Não se trata mais de construir um indivíduo, mas uma sociedade de indivíduos, na qual cada um tem de aprender a arte nova, por ele desconhecida, de se fundir organicamente com todos os outros numa posição diferente do passado, na compreensão e concórdia necessárias para colaborar, e não mais na precedente de luta e atritos entre egocentrismos rivais. Então as leis biológicas do nosso atual plano de existência terão de desaparecer, e ser substituídas por outras, como é lógico num universo onde tudo é relativo e em evolução. E só por esse caminho que o ser, após haver realizado a sua máxima evolução possível, relativa como indivíduo, pode continuar aprendendo e evoluindo, e como ser isolado não poderia ser feito. Ele pode continuar evoluindo, também como indivíduo, porque fica reabsorvido na unidade coletiva da qual faz parte, e nela permanece com as suas qualidades individuais, que conquistou com a sua evolução passada e que agora utiliza para cumprir a sua função específica no seio do novo conjunto de unidades, do qual agora constitui um elemento.

Vai-se desse modo, iniciando o trabalho da reconstrução da organicidade até ao S, onde ele se realizará. Na sua nova posição o ser, não mais isolado, mas ligado por muitas relações com os seus semelhantes, pode enfrentar e assimilar experiências antes desconhecidas, pode aprender coisas novas, vivendo uma forma de vida mais aperfeiçoada. Então o ser não evolui mais sozinho, limitado ao seu pequeno mundo particular, mas este se amplia abrangendo horizontes sempre mais vastos, porque o ser agora progride como membro do seu grupo, numa posição diferente, em função de outros elementos e atividades, realizando um trabalho não mais isolado, muito embora desconhecido dele e que sozinho não poderia executar. (*Queda e salvação*, pp. 262-64)

Qual o resultado final após todo o processo de involução-evolução?

1) Os que caíram tiveram dura lição. Por isso, não mais repetirão a queda: ela abole a possibilidade de novas quedas, todos ficam inteiramente livres e convictos.

2) Os que não caíram assistiram a todo o processo e também aprenderam, conheceram o perigo e evitarão cair.

3) A posição final é de felicidade para todos. Tudo volta ao seu lugar.

O Evangelho deixa-nos a mensagem da reconstrução: os últimos serão os primeiros. Assim, quem quiser ser o primeiro no sistema, deve ser o último no anti-sistema, ou seja, servo do próximo, não em soberba, mas em obediência e humildade. Desta maneira, não há cisão, mas a unificação; não se caminha para o triunfo do eu, mas de Deus. A Lei é

. Perdoar sempre
. Renunciar a si mesmo
. Amar os inimigos

A teoria da queda é antiga e encontra-se em várias filosofias e religiões, de todos os tempos. Vamos buscar sua confirmação em diversas situações.

1) O amor mutilado em masculino e feminino é prova da queda?

O livro do Gênesis afirma que o espírito, à imagem e semelhança de Deus, é macho e fêmea. Aliás, no texto original hebraico estão "pênis" (*zakar*) e "vagina" (*ngebah*). É o mesmo que dizer que o ser é uma unidade sexual perfeita. Allan Kardec, em *O livro dos espíritos*, nas perguntas de 200 a 202, esclarece que os espíritos não têm sexo como entendemos, pois o sexo depende do organismo. Exemplificando, temos a cor verde, que é a unificação do amarelo com o azul, mas não é nenhuma dos dois em particular.

Então se pergunta o porquê da divisão sexual e de toda esta carência de uma parte e de outra, na aflita busca de complementação. A queda é o único argumento que explica este fato e esclarece que, com a evolução, o espírito vai se encontrando a si mesmo e se reconstituindo em sua unidade originária.

2) Como explicar o fenômeno da existência dividida em vida e morte?

A vida é afirmação ("eu sou"), enquanto a morte é negação ("eu não sou"). No mundo sistêmico só há vida – vida em plenitude, vida em abundância. O fenômeno da morte é condição exclusiva do anti-sistema e de sua psicologia de destruição. O sistema corrigiu o fenômeno da morte, reafirmando-se pela vida, pelas reencarnações. Assim, "em toda encarnação, se desce cada vez menos para a matéria e, em cada desencarnação, se ascende a uma posição mais elevada no espírito". Quando Paulo de Tarso brada: "Desgraçado homem que sou, quem me libertará do corpo da morte" (Ro, 7,24) e "a morte está no pecado" (Ro 6,23), a Lei responde e confirma que a morte é o salário da queda, e que a cura está nas reencarnações sucessivas. "E, quando este corpo corruptível se revestir de incorruptibilidade, e o que é mortal se revestir de imortalidade, então, se cumprirá a palavra que está escrita: tragada foi a morte pela vitória" (1Co, 15:54).

3) Como explicar a dor do parto segundo a queda?

O fenômeno do parto é precedido pela euforia sexual: temos alegria e dor, como mais uma dualidade manifesta após a queda espiritual. As dificuldades do parto são uma espécie de resistência do anti-sistema, a cura proporcionada pela renovação da vida, imposta pela sabedoria da Lei, através das reencarnações sucessivas.

4) Qual a necessidade da presença do código civil e/ou religioso na regulamentação do matrimônio? O que a teoria da queda tem a dizer?

Sabiamente, a Lei tira lições de tudo. O matrimônio é uma grande escola da vida: na presença da fêmea, o macho, aprende a se dulcificar, a ser receptivo e intuitivo, enquanto a fêmea, perante o macho assimila a coragem, o ímpeto da atividade e a razão. Assim, um e outra complementam-se. Por isso, no momento belo e amoroso do casamento, a Lei se manifesta em assinaturas e testemunhas, dificultando ao máximo que o ser se evada desta experiência, verdadeiro laboratório de reconstrução espiritual.

5) Como explicar a dor como mecanismo da evolução?

O Evangelho chama os aflitos, os que choram e os perseguidos de bem-aventurados. Eles assim o são porque a Lei utiliza a dor como instrumento para a felicidade. Vimos, bem acima, que a dor é característica do anti-sistema e agora a apresentamos como possibilidade de evolução. Como se explica isto? Francisco chamava a dor de "irmã" e outros a consideram "a grande enfermeira da alma". Pietro Ubaldi vem em nosso socorro afirmando que "a dor acaba com a dor", ou melhor, o instinto de insatisfação recusa a presença da dor e exige uma nova atitude espiritual, em sintonia com a Lei, visando à aquisição da felicidade. E conclui Ubaldi: "Pai, amo-te, mesmo quando Tua respiração é dor, porque Tua dor é amor; mesmo quando

Tua Lei é esforço, porque o esforço que Tua Lei impõe é o caminho das ascensões humanas." (*A grande síntese*, p. 155)

6) A lei do carma é uma confirmação da queda?

A lei do carma e seus conceitos de *expiação* e *provação* só se explicam, de forma justa e coerente, pelo fenômeno da queda espiritual. Se a vida é expiação e um resgate do passado, o que pensar da primeira vida, ou melhor, da primeira encarnação? Na primeira encarnação se expia o quê? A primeira encarnação já é fruto da queda, do erro, o que implica a presença da expiação. Contudo, ainda é possível questionar alegando que se trata de *provação*. Mas mesmo assim, não se explica a presença da dor no processo compulsório da provação. Expiação e provação são mecanismos utilizados pela reencarnação no processo evolutivo de resgate, dos caídos espiritualmente.

7) Como explicar a queda do homem narrada no Gênesis bíblico?

Após a queda espiritual, o espírito mergulha no anti-sistema por meio do fenômeno involutivo e, esgotado o impulso de descida, começa a retomada evolutiva, as sucessivas renovações das formas que se dão na reencarnação. O ser sobe do mineral para o vegetal e o animal. Mais tarde, readquire a consciência de si mesmo e dá o seu primeiro brado do eu no trajeto evolutivo. A bem da verdade, este estágio do ser que já pode dizer eu é consciência – no seu primeiro nível, mas já é consciência. Assim, com a reintegração na posse da consciência, inevitável e automaticamente se recebem também o livre-arbítrio e a responsabilidade proporcionais ao nível de consciência atingido. Juntamente com o livre-arbítrio vêm, mais uma vez, a possibilidade do erro e a responsabilidade pelos próprios atos. Allan Kardec esclarece:

(...) pouco a pouco, à medida que seu livre-arbítrio se desenvolve, senhor de proceder à escolha e só então é que muitas vezes lhe acontece extraviar-se, tomando o mau caminho, por desatender os conselhos dos bons Espíritos. A isso é que o pode chamar a QUEDA DO HOMEM. (*O livro dos espíritos*, perg. 262)

A serpente (*nãhãs*) do livro do Gênesis também é explicada pela queda. A presença de espíritos malignos ou obsessores antes da criação do primeiro homem não é incongruente. Acima já vimos que ainda há espíritos realizando seu processo involutivo, após a queda espiritual, quando falamos da inteligência do diabo.

8) O homicídio é fruto de uma psicologia da queda?

O exemplo clássico está narrado no Gênesis: Caim matou Abel. Uma das consequências da *queda* é a enfermidade espiritual, e o homicídio é prova maior desta enfermidade. Diz *O livro dos espíritos*, na pergunta 621, que a Lei de Deus está na nossa consciência e que o homem "a esquecera e desprezara". A inconsciência da Lei é consequência da queda, fruto do desprezo pela Lei de Deus. Quando foi que o homem *esqueceu* a Lei de Deus? Quanto mais olhamos para trás, mais encontramos o homem esquecido desta Lei. Na sua primeira encarnação humana, ele estava mais esquecido ainda. Só a queda explica isto. O espírito desprezou a Lei, caiu e esqueceu-lhe os postulados, que agora precisam ser recordados pela revelação.

9) Como explicar a redentora obra dos Evangelhos segundo a queda?

Acima, esclarecemos que o espírito desprezou a Lei, caiu e esqueceu-lhe os postulados, que agora precisam ser recordados pela revelação. Ora, o Evangelho é a maior de todas as revelações. Pietro Ubaldi, em um livro maravilhoso, explica a técnica da fecundação da Lei em nosso planeta por meio das revelações. Trata-se de *A descida dos ideais*. Nele, o autor assevera que os missionários das revelações são espíritos que estão adiantados no carreiro evolutivo e seguem o princípio da Lei segundo o qual é necessário ao maior orientar o menor. A técnica da redenção consiste em fazer com que a Lei, esquecida por aqueles que a desprezaram, desça do mais alto. Quanto mais elevado é o missionário, mais ele está sintonizado com a Lei e, por conseguinte, mais profunda é a sua revelação. Jesus, em perfeita sintonia com o sistema, assim falou: "as coisas que dele (do Pai) tenho ouvido, essas digo ao mundo" (Jo, 8,26).

10) Como entender a positividade misturada à negatividade, como vemos em nosso mundo de queda?

No sistema, havia plena positividade e a negatividade existia apenas enquanto possibilidade, estava latente, por aflorar caso houvesse abuso do livre-arbítrio. Na plenitude do anti-sistema, há o máximo de negatividade e a positividade se encontra comprimida, esperando a exata oportunidade para se manifestar. Assim, há muita negatividade e pouca positividade no início do processo evolutivo. Mais adiante, a negatividade se encontra praticamente equilibrada com a positividade. Num plano superior, bem maior é a positividade e ínfima a negatividade. Então, em nosso mundo, em que nos vemos num nível intermediário – e portanto ainda inferior – do carreiro ascensional, é justo que encontremos em abundância a negatividade e menos a positividade.

11) A psicologia dos meios de comunicação acena a favor da queda?

No que podemos chamar de "imprensa miúda", só se lêem, ouvem e vêem desgraças. O que atrai o público é inferior, tem espírito de intriga, condenação e execução. Maldade, fofoca e desequilíbrios são ingredientes indispensáveis das "boas" telenovelas. Jornal "bom" é aquele de que "pinga sangue". É possível argumentar que assim são as notícias do mundo. Sem dúvida isto é verdadeiro. Porém, pouco se contribui com a educação em divulgação tão escandalosa. Os controladores da mídia podem alegar que a instrução do público não é o seu papel, pois é função das escolas. Contudo, a educação é problema de todos. Alegações como aquela são próprias da psicologia dos caídos, que sempre querem se livrar da sua responsabilidade, colocando toda a carga nos ombros alheios.

12) Os dez mandamentos falam da queda?

Os dez mandamentos existem por causa da queda. Vimos que o espírito desprezou a Lei, caiu e esqueceu os postulados da Lei. Os mandamentos são a revelação trazida mediunicamente, por Moisés, para os homens exilados, escravos e rebeldes. Quando Deus fala de Si no primeiro mandamento, sua linguagem é positiva: "Eu sou o Senhor teu Deus, que te tirei da terra do Egito, da casa da servidão" (Ex, 20,2). Quando adverte o homem caído no anti-sistema, Sua fala é imperativa e brida a negativa impetuosidade humana: "Não terás outros deuses", "não farás imagens", "não adorarás imagens, nem lhes darás culto", "não tomarás o nome do Senhor em vão", "não matarás", "não adulterarás", "não furtarás", "não dirás falso testemunho". Sempre não. E mais: que não se esqueça o sábado – dia das coisas concernentes à religião – que não se esqueça de honrar pai e mãe, pois até em relação a isto nós, os caídos, com nossa psicologia egoísta, perdemos a lembrança e não praticamos o preceito.

13) A *mâyâ* concebida nas religiões orientais é um exemplo da queda?

Mâyâ significa "ilusão".

O poder cósmico que torna possíveis a existência fenomenal e as percepções da mesma. Segundo a filosofia hindu, apenas aquilo que é imutável e eterno merece o nome de *realidade*; tudo aquilo que é mutável, que está sujeito a transformações por descaimento e diferenciação e que, portanto, tem princípio e fim, é considerado como mâyâ. ...segundo a filosofia vedanta, todo o universo visível é apenas uma grande ilusão (mahâ-mâyâ), pois tem princípio e fim e está sujeito a transformações incessantes; assim como a única realidade é o Espírito, por ser eterno e imutável. (Helena P. Blavatsky, *Glossário teosófico*, Groud, 2.ª ed., p. 367).

Pietro Ubaldi vai pela mesma trilha quando afirma que "o universo é uma doença passageira no seio da eternidade".

14) A psicologia da insaciabilidade exemplifica a queda?

A Voz inspirou Ubaldi a escrever, em *A grande síntese*, que nossa

> (...) mentalidade utilitária fez do trabalho uma condenação, transformastes o dom divino de plasmar o mundo à vossa imagem num tormento insaciável de posse. A lei *do ut des* ("dou para que tu dês"), que impera no mundo econômico, fez do trabalho uma forma de luta e uma tentativa de furto. É uma dor que pesa sobre vós, mas isso é justo e cabível, porque exprime exatamente o que sois e o que mereceis. Todos os vossos males são devidos à vossa imperfeição social e à vossa impotência de saber fazer melhor ... Na minha ética é imoral quem se subtrai à própria função social de colaborar no organismo coletivo, em que cada um tem de estar em seu posto de combate. O ócio não é lícito, mesmo se permitido pelas condições econômicas. Esta é a moral mais baixa *do ut des*. Moral selvagem que tendes de ultrapassar. [...] diante do princípio *do ut des*, da procura e da oferta, o egoísmo caminha triunfante, seguindo a lei do menor esforço, para equilíbrios móveis, mas matematicamente exatos, que podeis calcular, mas que conservam sempre a marca da premissa ori-

ginal: o egoísmo demolidor. O instinto hedonista, em sua inconsciência de todos os outros valores sociais, caminha calcando todos eles, contanto que se realize a si mesmo. Força primitiva, brutal que, se em vosso nível é impulso de criação, também constitui princípio de destruição, pelo qual sofreis infinitas crises e reveses. (pp. 263-4 e 317)

15) O que falar do martírio dos missionários segundo a teoria da queda espiritual?

Vida de santo, gênio ou herói não é fácil. A presença do evoluído é sempre uma relação desgastante perante o involuído. Incomoda, pois mexe com o comodismo, a preguiça mental, a adaptação mundana. Por isso, o involuído deseja afastar o evoluído para o mais longe possível, de preferência para o mundo invisível. No entanto, é da Lei que o evoluído ajude o inferior em sua trajetória espiritual, assim como sua essência de amor não permite ao evoluído não abandonar o decaído. Eis o impasse, que normalmente se resolve com as únicas armas que o involuído conhece: cruzes, forcas, fogueiras, pedradas, insultos, perseguições... Mas, como é da vontade da Lei ajudar, o santo brada: "Estarei convosco até o fim!"

16) A procura de Deus, a busca mística, é um recurso para se livrar do mundo da queda?

Como entender um Deus que é amor e permanece oculto aos homens? Por que não podemos ver Deus? Ele exige, na revelação do primeiro mandamento, o nosso amor, mas não permite que o vejamos. Diz mais: ninguém pode ver Deus – se alguém o visse, morreria. Isto é injusto? Pela teoria da queda, esclarecida por Pietro Ubaldi, as coisas se explicam. Deus é a Lei, imanente e transcendente ao Ser. Está sempre presente. Com a queda, o espírito se materializou, cobrindo sua visão com véus espessos. Por isso o homem experimenta uma sensação de abandono. Santo Agostinho, em suas *Confissões* questiona: "Senhor, eu me encontrava tão longe de Ti, e no entanto, Tu te encontras tão perto de mim." A alma, então, quer afastar os véus que impedem o seu encontro místico. Chora, sofre, jejua espiritualmente, pede, procura incessantemente até encontrar. E no estado de solidão interior e solidariedade para com todos, ela une-se a Deus. Amor de perfeita união, do amado com o amante. Felicidade de sistema!

17) A prece é um recurso espiritual de libertação do anti-sistema?

A prece é um exercício da alma, uma ioga do espírito. E requer meditação, que, se acentuando, chega à concentração. Estudando a palavra *concentração*, vemos que ela significa con + *centro*, ou melhor, "com o centro". Logo, a prece nos leva para o centro de nós mesmos, o eu profundo e superior do Reino de Deus, que não está lá ou acolá, mas dentro de nós, como asseverou Jesus (Lc, 17,21). Paulo, o Apóstolo do Cristo Ressuscitado, acrescenta: "Não sabeis que sois templo de Deus e que o Espírito de Deus habita em vós?" (1Co, 3,16). A prece centrada, sentida, elevada, é um mecanismo de sublimação, uma antevisão do estado de sistema. Emmanuel pensa assim quando narra, pelo lápis psíquico de Chico Xavier, os efeitos da prece de Simeão, o velho e generoso amigo da Samaria, personagem evangélica do livro *Há 2000 anos...*: "A linguagem humana não traduz fielmente as harmoniosas vibrações das melodias do Invisível, mas aquele cântico de glória, ao menos palidamente, deve ser lembrado por nós outros como suave reminiscência do Paraíso." *Reminiscência do Paraíso* (com letra maiúscula) é a psicosfera amorosa que envolve a alma que canta em prece de amor.

Em Pietro Ubaldi, encontramos um arrebatador exemplo de prece:

> Senhor, eu dou, empobreço-me materialmente, mas com isto eu me torno instrumento que adere à Tua Lei, vivo segundo as linhas de força do Teu sistema. Para o

triunfo do Teu Amor eu sacrifico o meu pequeno eu. Tu sabes que agir assim na periferia, onde me encontro imerso na matéria, significa empobrecer até a morte. Mas eu não existo mais para mim, isolado, mas na vida universal, em que Tu "és". Eu não quero mais a mim mesmo mas somente a Ti, em Quem eu vivo. Quero a Tua Lei. Faço parte do Teu organismo. Sou uma célula dele, uma Tua célula. Tu és o meu eu maior, em que agora existo. Então a minha morte não é mais possível. Compete a Ti e à Tua Lei impedi-la, e que a vida me seja dada, pois que ao meu fraco poder de defesa eu renunciei para seguir a Tua Lei de Amor. Não é possível que, para seguir-Te eu deva perder a vida. Sei que esta tem fins eternos a alcançar e que eles devem ser alcançados. Ela não pode perder-se ao acaso e não depende da minha pobre defesa do momento. Seguindo-Te, eu ganho a vida. E se também morrer, não perderei senão a minha vida menor, porque ressurgirei na Tua vida maior. (*Deus e universo*, p. 43)

18) Como podemos entender a imanência e a transcendência num mundo de queda?

Deus é um. A visão do homem, porém, limitada à estreita consciência possível no anti-sistema, percebe um dualismo inexistente. Um exemplo é o mar e a onda. Quando se fala que a onda está no mar e que a onda e o mar são um, optamos pelo aspecto imanente. Quando se diz que a onda e o mar são um, mas que o mar é muito maior que a onda, temos o conceito de transcendência. Na imanência, vemos a pessoalidade. Na transcendência, temos a impessoalidade. Jesus diz: "Eu e o Pai somos um" (Jo, 10,30) – segundo o conceito de imanência. Mas ele também completa: "o Pai é maior que eu" (Jo, 14,28) – segundo o conceito de transcendência.

Como entender que os espíritos caídos, inconscientes e ignorantes possam se reerguer sem a presença mantenedora e educativa da Lei? Isto é impossível. Por amor, Deus mergulhou junto com os rebeldes no anti-sistema, em Seu aspecto de imanência, para guiá-los em seu trajeto de volta. Este é o grande sacrifício da Divindade.

"Deus que se crava numa cruz cósmica para redimir o universo desmoronado. O universo inteiro é a imensa cruz na qual está pregado o Pai" (Giovanni Papini, *Cartas do papa Celestino VI*, citado em *Deus e universo*, p. 174). Allan Kardec explica essa redenção espiritual afirmando que o espírito ignorante e carecido de experiência traça sua evolução com a ajuda da Lei imanente: "Deus lhe supre a inexperiência, traçando-lhe o caminho que deve seguir, como fazeis à criancinha." (*O livro dos espíritos*, p. 262)

19) O fenômeno inspirativo pode ser explicado pela queda?

Com a queda, o espírito deixou de se comunicar com Deus de forma consciente, e a inspiração é a retomada desta comunicação perdida. O fenômeno inspirativo é uma relação entre o eu individual e o eu cósmico, fazendo parte do despertar da consciência e do retorno da alma ao sistema. Ele está fora das grades mediúnicas, pois é a sua máxima sublimação. É uma comunicação por consonância, uma sintonização pelo despertar, em nós, daquele estado cinético da vida que, embora originário, congelou-se na inconsciência (ausência de vibração) decorrente da queda ou desmoronamento. A inspiração é proporcional ao grau de evolução: quanto mais evoluído o espírito, maior será a sintonização, até que é atingida a unificação.

20) Como explicar a frase evangélica "Deus é amor" (1Jo, 4,8.16) frente às amarguras do anti-sistema?

Deus é amor, Deus é bom. E no entanto nos encontramos numa terra estranha, como diz a parábola do filho pródigo. Sem a teoria da queda espiritual, tudo isto é paradoxo: Deus nos ama e nos colocou neste mundo de miséria, dor e negatividade dizendo para amá-lo e ir ao seu encontro pela escada íngreme e estreita da evolução, pois Ele está nos esperando de braços abertos num céu de felicidade. Ora, o ser é do céu, casa paterna, e só veio a esta terra estranha por livre e espontânea vontade – assim se expressou Jesus na parábola. O homem, que é mau, quando lhe nasce um filho, coloca-o no melhor berço, cuida-o com toda a sua presença. No entanto, Deus, que é bom – e "só ele é bom", segundo Jesus (Lc, 18,19), faz exatamente o contrário. Jesus chega a ser mais enfático:

> E qual o pai dentre vós que, se o filho lhe pedir pão, lhe dará uma pedra? Ou, se lhe pedir peixe, lhe dará por peixe uma serpente? Ou, se pedir um ovo, lhe dará um escorpião? Se vós, pois, sendo maus, sabeis dar boas dádivas aos vossos filhos, quanto mais dará o Pai celestial. (Lc, 11,11-13).

Estamos neste mundo de dor por causa da queda, e só estamos saindo dele pelo amor de Deus, que nos guia em nossa inconsciência.

21) Teorias psicológicas são coerentes com a queda do espírito?

Teorias da psicologia, assim como a psicanálise, estudam a alma e seu comportamento. Se frente a tais teorias observarmos as informações oriundas da revelação acerca da queda espiritual, tudo se clarifica. A psicanálise freudiana e sua interpretação sexual do homem – com suas repressões, neuroses e psicoses – mostram quanta dor encontramos em nossa caminhada evolutiva. Por quanta angústia, conflito e frustração passa a alma que só consegue canalizar as energias criativas por meio da sexualidade, e ainda sofre as imposições de uma religião caduca e de uma sociedade repressora.

A teoria psicológica de Alfred Adler, com o seu *complexo de poder*, diz que o homem que não teve sucesso terá apenas uma vontade: conseguir o sucesso, custe o que custar. Assim, o poder é a coluna vertebral da vontade humana. O que é isto, senão a própria psicologia da revolta? Em sua desobediência, o espírito se colocou em oposição à Lei, como um verdadeiro adversário.[4]

Carl Gustav Jung, em sua psicologia analítica, prioriza os arquétipos e o inconsciente coletivo. Desses teóricos da psique, foi o que chegou mais perto do espírito. Quando comenta acerca do *arquétipo do si mesmo*, coloca no mais profundo da alma o padrão crístico, e este arquétipo é a base de sustentação de toda a dinâmica psíquica. É como se Jung dissesse que no *Cristo interno*, *eu profundo*, ou *si mesmo*, temos o espírito no mais recôndito da alma, como o principal fator de condução da vida. Jung, em sua psicologia, diz que temos acesso a este *eu profundo* pelo fenômeno da *individuação*, uma espécie de união mística, conduzida com o apoio da psicoterapia.

E há ainda um ponto da psicologia junguiana que queremos ressaltar: a *zona psicoide*. Para Jung, existe uma fronteira entre o espírito e a matéria, uma zona de confluência entre o psíquico e o material. Ali não há espírito e tampouco matéria. Afirma Carl Jung: "Não há só a possibilidade, mas até mesmo uma certa probabilidade de que a matéria e a psique sejam dois aspectos diferentes de uma só realidade." (*A dinâmica do inconsciente*, Vozes, 1984, p. 220). Este é o espaço em que o espírito se coagula na matéria, que se descongela em espírito. Ao se sintonizar com esta faixa psíquica, percebem-se os fenômenos sincronísticos, de relação causal. Em outras palavras, por que pensamos em alguém e esta pessoa aparece? Por que os sonhos se confirmam? Por que eventos como as varetas do I Ching, as cartas do tarô ou as runas permitem soluções espirituais tão acertadas? Porque tudo está em nós, no inesgotável universo psíquico do inconsciente coletivo. Embora interessante em si, o pensamento de Jung não é o nosso tema primeiro, pelo que não adentraremos mais por ele.

---

[4] 'Oposição' é a melhor tradução da palavra 'diabo', do grego, e 'adversário' traduz fielmente 'satanás', do hebraico.

Existe ainda, em diversas psicologias, a teoria que divide a personalidade em subconsciente, consciente e superconsciente. No sistema, temos a consciência plena. Com a queda espiritual, o ser mergulhou no anti-sistema e gerou a enfermidade do inconsciente. Não devemos confundir inconsciente com falta de consciência. Aquilo que era consciência manifesta ficou latente, o ser caído perdeu o contato com ela, que se tornou inconsciente. A evolução é um processo de cura da enfermidade do inconsciente, levando o ser a readquirir sua perdida consciência original. Evolução é conscientização. Jung, genialmente, afirmou que a dicotomia entre consciente e inconsciente é "simbolizada como queda dos anjos" (*A dinâmica do inconsciente*, p. 163).

Acerca da trajetória evolutiva do espírito, podemos falar em passado, presente e futuro. O passado é o caminho que o espírito já percorreu na sua evolução. Chamamos o passado de subconsciente, e ele é um reservatório de todas as experiências e conquistas. É a zona dos instintos, de ondas longas, baixa frequência e baixo potencial. O futuro é a trilha preestabelecida pela involução, por onde o espírito desce e por onde deve voltar na ascensão. A faixa ainda não percorrida é o futuro, que chamamos de surperconsciente. É a zona da intuição, de ondas curtas, alta frequência e alto potencial. A atual faixa de consciência, limitada pelo nosso grau de evolução, é o presente. Chamamos esta zona da alma de consciência, e ela não deve ser confundida com aquela imensa consciência do sistema. O consciente é racional, de ondas médias, média frequência e médio potencial. Assim, a alma, o ser encarnado e consciente está dividido entre o subconsciente do passado e o superconsciente do futuro. É ainda Jung que esclarece o tema magistralmente: "A alma é uma superconsciência e uma subsconsciência." (*A dinâmica do inconsciente*, p. 175)

Pietro Ubaldi apresentou esta teoria em 1939, no livro *Ascese mística*, evidentemente arrolado no *Index* das obras proibidas; e André Luiz discorreu sobre a mesma teoria em 1947, em "A casa mental", capítulo de *No mundo maior*, com edição da Federação Espírita Brasileira.

22) Como entendermos o problema da educação e da queda espiritual?

O erudito professor R. C. Romanelli elucida o significado da palavra *educação*:

> *Educar* provém do latim, *educare*, composto do prevérbio *e-* e do verbo *-ducare*, durativo de *ducere* e que, pelo itálico, se prende à raiz indo-europeia **duk-*, grau zero da raiz **deuk-*, cuja acepção primitiva é "levar, conduzir, guiar". Aposto a *ducere*, o prevérbio *e-* lhe comunica a noção de "levar para fora, fazer sair", donde, "extrair, tirar" e, por metáfora, dar à luz, "produzir". *Educare*, cuja acepção primitiva era a mesma de *educere*, especializou-se no sentido de "criar (uma criança), nutrir, fazer crescer". Interpretado, pois, à luz da etimologia, *educar* significa 'trazer à luz a ideia" ou, em termos filosóficos, fazê-la passar da potência ao ato, da virtualidade à realidade. Compreende-se, destarte, que a educação é um processo dinâmico ou, por outra, vital, que consiste em fazer crescer, como cresce a própria vida, por intussuscepção, isto é, de dentro para fora. Mais do que uma simples incrustação ou agregação de conhecimentos é ela uma maturação interior, um desenvolvimento das capacidades latentes. (*O primado do espírito*, Publicações Lachâtre, 4ª ed., pp. 72/73).

Se *educar* é "dar à luz" ou desenvolver as "capacidades latentes", como vimos acima, como coadunar esta ideia com a afirmativa de que "Deus criou todos os Espíritos simples e ignorantes", conforme está em *O livro dos espíritos* (perg. 115)? Como do simples e ignorante se pode tirar algo, trazer à luz ou desenvolver capacidades latentes? Isto é incoerente. O menos, matematicamente, não gera o mais. O espírito nestas condições já é fruto da queda espiritual. Não estamos, contudo, dizendo que o livro áureo do espiritismo está errado. Estamos longe, muito longe disso. O que ocorre é que a nossa interpretação para o verbo *criar* deve ser diferente. *Criar* está no senti do do homem que cria cachorro, gado, gato etc. *Criar* no sentido de "tomar conta", "guiar", "manter", "sustentar", "conduzir"... Deus não *criou* o espírito simples e ignorante no sentido de *ter feito* algo inédito e imperfeito. O que Ele faz é *criar* o espírito caído, nesta triste condição da simplicidade e ignorância, como um pai amoroso, que cuida, protege e orienta. Assim, Deus é o nosso *criador*, é o nosso *educador*.

23) Como compreender a evolução do átomo ao arcanjo, no contexto da queda espiritual?

O livro dos espíritos, na sua questão 540, afirma que "tudo se encadeia na Natureza, desde o átomo primitivo até o arcanjo, que também começou por ser átomo. Admirável lei de harmonia, que o vosso acanhado espírito ainda não pode apreender em seu conjunto". É perfeitamente isto que a teoria da queda espiritual, apresentada por Pietro Ubaldi, ensina sobre o processo de evolução pós-queda.

Aurélio Buarque de Holanda registra o significado de *arcanjo*: "[Do gr. *archángelos*, pelo lat. *archangelu.*] S. m. 1. Anjo de ordem superior. 2. O primeiro dentre os anjos." Já explicamos que quanto mais elevada era a hierarquia de conhecimento do ser no sistema, mais baixa foi a sua descida no processo de involução. Muitos vieram a cair no nível de átomo ou em posição inferior, que ainda não consegue ser captada por nosso olhar científico. Para efeito didático, vamos registrar apenas a faixa que ainda podemos conceber. Assim, para os que caíram no nível de átomo, a trajetória de retorno que precisam fazer é até o nível de arcanjo. Mas um ponto que *O livro dos espíritos* esclarece é que o arcanjo começou seu processo evolutivo sendo átomo. O que isso quer dizer? Note-se que não está escrito que o arcanjo começou no átomo: segundo a teoria da queda, o espírito se transformou em matéria ao cair, congelou-se nesta forma, e agora é a própria matéria. Por isso, evolução é descongelamento material até a espiritualização original. Logo, o arcanjo se transformou em átomo e passou a ser átomo. Ele não estava no átomo, como num processo de incorporação: ocorreu uma identificação, ele tornou-se a mesma coisa que o outro.

Sobre isso, *O livro dos espíritos* ainda comenta mais, muito mais. Sábio livro! É a voz da terceira revelação! Vejamos: quem possuía um "acanhado espírito" – ou compreensão – para apreender em seu conjunto, toda a harmonia? Tanto Kardec quanto nós, principalmente, não tínhamos o conhecimento acerca da ciência e da revelação, em espírito e verdade, para apreender. A evolução científica apresentada por Darwin, a teoria da relatividade concebida por Einstein e a queda espiritual revelada por Ubaldi dão as chaves para se apreender a harmonia em todo o seu conjunto, como determinaram os colaboradores espirituais do professor Hypolite Leon Denisard Rival, cognominado Allan Kardec.

A palavra conjunto, da revelação kardeciana, pode receber mais comentários. O processo evolutivo, do átomo ao arcanjo, seria uma segunda fase do fenômeno pós-queda espiritual. Um segundo semicírculo. A primeira fase do fenômeno seria o processo involutivo, do arcanjo ao átomo. Um primeiro semicírculo. Todo o conjunto é formado pelo semicírculo da involução somado ao semicírculo da evolução. Eis todo o conjunto, que não tínhamos condições de apreender nos meados do século 19.

24) Como conceituar a reencarnação no contexto da queda espiritual?

Se a queda foi rápida, a subida evolutiva é lenta. *O livro dos espíritos* esclarece que as "encarnações sucessivas são sempre muito numerosas" (perg. 169), pois o "fim objetivado com a reencarnação" é "expiação, melhoramento progressivo da Humanidade" (perg. 167), visto que a "cada nova existência o Espírito dá um passo para diante na senda do progresso. Desde que se ache limpo de todas as impurezas, não tem mais necessidade das provas da vida corporal" (perg. 168). Após a sua "última encarnação", fica sendo "Espírito bem-aventurado: puro Espírito" (perg. 170) e por isso não é "mais sujeito à reencarnação em corpos perecíveis", realizando a "vida eterna no seio de Deus" (perg. 113). Ora, "seio de Deus" é sinônimo místico evangélico, do sistema explanado por Pietro Ubaldi.

Assim, vimos que a reencarnação é o remédio aplicado pela Lei no intuito de resgatar o espírito exilado no anti-sistema. Remédio amargo, mas ajustado ao grau de enfermidade espiritual. Remédio que não precisava ser ingerido se o espírito não ficasse enfermo de sua rebeldia. J.-B. Roustaing chega a ser enfático: "a encarnação humana não é uma necessidade, é um castigo [...] e o castigo não pode preceder a culpa" (*Os quatro Evangelhos*, tomo I, p. 317).

25) A filosofia contribui para a visualização da queda espiritual?

Dado o espaço limitado, em decorrência de outros temas que ainda iremos abordar, vamos citar apenas quatro grandes e destacados personagens do imenso mundo da filosofia.

PLATÃO (428/7-348/7 a.C.). No seu famoso *Banquete* está dito:

> Com efeito, a nossa natureza outrora não era a mesma que de agora... inteiriça era a forma de cada homem, com o dorso redondo, os flancos em círculo; quatro mãos ele tinha, e as pernas o mesmo tanto das mãos, dois rostos sobre um pescoço torneado, semelhante em tudo; mas a cabeça sobre os dois rostos opostos um ao outro era uma só, e quatro orelhas, dois sexos, e tudo o mais como desses exemplos se poderia supor. E quanto ao seu andar, era também ereto como agora, em qualquer das duas dire-

ções que quisesse; mas quando se lançavam a uma rápida corrida, como os que cambalhotando e virando as pernas para cima fazem uma roda, do mesmo modo, apoiando-se nos seus oito membros de então, rapidamente eles se locomoviam em círculo... eram assim circulares, tanto eles próprios como a sua locomoção... eram de uma força e um vigor terríveis... voltaram-se contra os deuses... na tentativa de fazer uma escalada para investir contra os deuses... diz Zeus: Acho que tenho um meio de fazer com que parem com a intemperança, tornados mais fracos. Agora, com efeito, continuou, eu os cortarei a cada um em dois...

O ser, antes da afronta às leis divinas, era espiritualmente forte e vigoroso, ágil e completo, numa unidade sexual perfeita. A queda o dividiu sexualmente e gerou a carência de satisfação unitária. Ele ficou fraco em suas atividades. Triste destino! Sábio Platão!

ORÍGENES (c. 185-c. – 255 d.C). Nos seus dois grandes clássicos – *De princicipiis* e *Contra Celsum* – comenta que a justiça e a bondade divinas atuaram sabiamente para curar as almas corrompidas, com o fim de libertá-las da desordem em que ficaram depois da queda espiritual. E que o remédio primeiro, contra o pecado original, foi a criação do corpo material. Deus não é ágil para castigar, mas para corrigir. "E quando Deus for tudo em todas as coisas, já não haverá lugar para o mal e com o desaparecimento do mal desaparecerá também o remédio do corpo" (v. *História da filosofia cristã*, de Philotheus Boehner e Etienne Gilson, Vozes, 2.ª ed., pp. 48-78). Qualquer comentário seria um contra-senso.

PLOTINO (205-270 d.C.). É o pai do neoplatonismo e o próprio Platão que retorna reencarnado para continuar nos ensinando. Nos *Tratados das Enéadas*, Plotino revela, surpreendentemente:

> O que pode ter levado as almas – elas que eram parte do mundo mais alto e pertenciam completamente a ele – a esquecerem seu Pai, Deus e a ignorarem tanto a si mesmas como a ele? A origem do mal que as tomou foi a

vontade própria, foi a entrada na esfera da alteridade e o desejo de pertencerem a si mesmas. Elas conceberam um prazer nessa liberdade, e se permitiram mover-se por si mesmas. Tomando assim o caminho contrário, e afastando-se cada vez mais de seu princípio, acabaram por perder até mesmo a lembrança de sua origem divina. Como uma criança que é retirada de casa quando ainda muito pequena e permanece longe por muitos anos não saberá quem são seus pais, nem quem ela é mesma é, assim também as almas, não mais vendo seu Pai nem a si mesmas, caíram na autodepreciação. Como não mais conheciam a sua origem, dirigiam seu respeito a coisas erradas e honraram a tudo mais que a si mesmas. Toda a sua reverência e admiração foi dirigida às coisas que lhes eram exteriores e, apegando-se a tais coisas, romperam seus laços originais, tanto quanto isso é possível a uma alma. Ao olharem para o que é terreno e não olharem para si mesmas tornaram-se completamente ignorantes a respeito de Deus. (*Plotino*, Polar Editorial & Comercial, 2000, pp. 69-70).

Também sem comentário.

PARACELSO. Theophrastus Bombastus von Hohenheim, dito Paracelso, alquimista e médico suíço-alemão (Einsiedeln, c. 1493-Salzburgo, 1541), pai da medicina hermética. Sua terapêutica baseava-se numa suposta correspondência entre o mundo exterior (macrocosmo) e o organismo humano (microcosmo). Paracelso também escreveu sobre a queda: "A medida de nossa sabedoria neste mundo é viver como os Anjos, porque somos Anjos" (v. Serge Hutin, *A tradição alquímica: A pedra filosofal e o elixir da longa vida*, Pensamento, p. 126). Isto significa que devemos começar agora os nossos ensaios vivenciais do que somos em realidade: anjos.

26) A alquimia contribui para o entendimento da queda espiritual?

Frater Albertus afirma que o objetivo desta ciência é "o aumento das vibrações" (*Guia prático de alquimia*, Pensamento, p. 17). Com a queda, o espírito ficou congelado, impuro, e perdeu a vida verdadeira. A arte alquímica se propõe a regeneração dos elementos, no forno que purifica, e a revelação de toda a sua pureza latente.

> A chave mais importante para tentar compreender os objetivos da alquimia, tanto no plano dos trabalhos de *laboratório* como no dos trabalhos (psíquicos e espirituais) do oratório, será sempre esta: conseguir vencer as consequências da *queda original* (a perda do verdadeiro conhecimento, como a entrada, na Terra, da doença, do envelhecimento e da morte) e fornecer os meios de uma reintegração, da libertação, não apenas do Homem, mas dos três reinos da Natureza... *Ora, lege, lege, lege, relege, labora et invenies* (Ora, lê, lê, lê, relê, trabalha e encontrarás): essa é uma famosa ordem latina dada pelo mestre ao alquimista. Mas não se trata de uma simples apologia da oração e do esforço. A alquimia por seu aspecto espiritual apresenta-se como uma ascese: assim como o adepto deve permitir, deve operar a transformação da *matéria-prima decaída* em ouro precioso, brilhante e inalterável, assim o homem deve purificar-se, livrar-se de todas as suas escórias, de modo a permitir sua regeneração, sua metamorfose perfeita, sua transformação no ouro puro ao qual é comparado o estado humano glorioso antes da *queda*. [...] seria impossível compreender a alquimia tradicional sem fazer intervir essa estrutura fenomenológica central de uma *queda original* (do homem – mas também de toda a Terra) a que deve seguir-se uma redenção ativa (a do homem – mas também a do mundo em seu conjunto).

Quem escreve esta maravilha de texto, totalmente coerente com o pensamento ubaldiano é Serge Hutin.[5]

27) O que a mitologia hindu elucida sobre a queda, segundo Ubaldi?

Segundo a mitologia hindu, num passado distante, vivíamos na idade (*yuga*) do ouro (*krita*). Com o afastamento do contato com a lei cósmica, que Ubaldi denomina "queda dos espíritos", esta idade de esplendor sistêmico foi sendo esquecida e a quarta parte deste conhecimento se perdeu.

[5] *A tradição alquímica*, pp. 27, 179-80.

Chegou-se assim, por involução, à idade de prata (*satya*). Mais tarde, mais uma quarta parte se perdeu, e surgiu a idade de bronze (*treta*). Na fase de maior ignorância da Lei, perderam-se três quartas partes do conhecimento sistêmico. É a época atual, na qual vivemos, em plena *kali yuga* ("idade do ferro"). Diabólica ignorância! Mas nada está definitivamente perdido. Quando se completar o *Mahâ Kalpa* ("grande idade"), que segundo os cálculos místicos soma "311 trilhões de anos", todos os universos em queda estarão reabsorvidos no seio de Brahman (sistema), numa nova era de ouro. Para um estudo mais profundo, sugerimos a leitura de "*Sanata-Dharma*: A religião eterna", capítulo 3 de *O pensamento do Extremo Oriente*, de Murillo Nunes de Azevedo (Editora Pensamento, pp. 31-45).

28) O que o budismo, uma das religiões de maior quantidade de adeptos em todo o mundo, esclarece sobre a queda?

O Buda nasceu em Kapilavastu, capital do reino dos Sakyas, norte da Índia, no século 6.º a.C. Seu nome era Sidarta e ele descendia da família Gautama. Era conhecido como Sakya-Muni, o sábio do país dos Sakyas. Sua grande contribuição está centrada na revelação das Quatro Nobres Verdades (Cattri Ariyasaccani):

a) A verdade da existência do sofrimento – *Dukka Satya*
(Impermanência – *Anica*; Insatisfação – *Dukka*; Impessoalidade – *Anatta*)

b) A verdade da causa ou origem do sofrimento – *Samudya Satya*
(Desejo, Ambição, Anseio, Ignorância – *Tanha*)

c) A verdade da extinção do sofrimento – *Nirodha Satya*
(Extinção do desejo, da Ambição, do Anseio – *Nirvana*)

d) O caminho que conduz à extinção do sofrimento – Magga Satya:

- Conduta ética: Moralidade (*Sila*)
Palavra correta
Ação correta
Meio de vida correto

- Disciplina mental: Meditação (*Samadhi*)
Esforço correto
Plena atenção mental correta
Concentração correta

- Introspecção: Sabedoria (*Panna*)
Pensamento correto
Compreensão correta

Sugiro um aprofundamento do assunto pela leitura de *Budismo: psicologia do autoconhecimento*, de Georges da Silva & Rita Homenko (Editora Pensamento).

A conclusão a que esta síntese conduz é que a vida é sofrimento, por causa da queda. A queda foi gerada pela ambição ou egoísmo desenfreado. O ser mergulhado no anti-sistema realiza a sua evolução para cessar a dor, fruto de sua enfermidade espiritual. Evidentemente, o ser só se livrará do sofrimento quando anular o egoísmo. E como proceder para acabar com o egoísmo? Eis a quarta nobre verdade budista: agindo corretamente, no campo ético (*sila*), na disciplina mental (*samadhi*) e na aquisição de sabedoria (*panna*). Sem a queda espiritual, como explicar tanta dor – que o budismo acertadamente se propõe anular?

29) Os princípios herméticos iluminam a teoria da *queda* espiritual?

Hermes Trismegisto viveu no Egito, cerca de dois mil anos antes de Cristo. Nesta época, a civilização egípcia estava começando a afundar espiritualmente. Hermes – o "enviado da sabedoria", conforme Emmanuel – veio reviver e guardar o milenar conhecimento trazido pela raça adâmica. Os sete princípios herméticos se encontram no Kybalion:

O princípio do Todo espiritual
O princípio de que tudo é movimento
O princípio da causa e do efeito
O princípio do ritmo
O princípio da polaridade
O princípio da correspondência
O princípio do gênero

Para onde se vai, encontra-se a confirmação da queda. Quer se olhe para frente, para trás ou para os lados, lá está a queda. Com Hermes, o Trismegisto, o três vezes grande, não poderia ser diferente:

O todo é espiritual, pois até a matéria é espírito coagulado ou condensado ($E=MC2$). Tudo é dinâmico, tudo é vibração, nada está paralisado, a evolução urge, e se utiliza da dor como mola de propulsão para o progresso. Todas as nossas ações são controladas pelo aspecto matemático da lei de causa e efeito, pois todos os cabelos de nossa cabeça estão contados e não cai uma folha da árvore sem o conhecimento do pai. O nosso erro-causa precisa ser anulado pelo aprendizado-reação. Mas, tudo na hora certa. No ritmo preciso, pois a Lei justa e misericordiosa não dá fardo com peso além das nossas forças. O anti-sistema é um mundo de opostos, de polaridades que se correspondem, ou melhor, que se complementam. Vejamos o caso do bem e do mal – a polaridade mais significativa que conhecemos. Na aparência, não se correspondem. Mas só na aparência. O mal é escravo do bem, diz Ubaldi. Um exemplo: o ódio é um amor não-correspondido e que, por ser mau, gera a dor, que incomoda e não satisfaz o instinto de felicidade, que por seu turno se agita e exige uma solução. E depois de muita dor se compreende, fatalmente, que se deve perdoar e amar sempre, mesmo se não formos retribuídos. Eis a correspondência da polaridade de bem e mal: o bem sempre vence, pois o mal vai ao seu encontro pela transformação. Por último, o gênero. Tudo se manifesta como ativo ou receptivo em nosso universo: masculino e feminino. Só na unificação se solucionam as carências. Por isso a Lei urgente e sempre nova do Evangelho: ame o próximo como a si mesmo.

Sugiro a leitura de três excelentes obras sobre o tema:

- *Filosofia universal*, Huberto Rohden, Livraria Freitas Bastos, 4.ª edição;
- *Corpus Hermeticum: Discurso de iniciação – A tábua de esmeralda*, Hermes Trismegisto, Editora Hemus.
- *O Caibalion: Estudo da filosofia hermética do antigo Egito e da Grécia escrito por três iniciados*, Editora Pensamento.

30) O Antigo Testamento exemplifica a queda espiritual?

Já vimos diversos exemplos e veremos mais em outros capítulos. Agora, observemos dois versículos inquestionáveis:

"Não há entre os homens um que seja reto." (Mq, 7,2)

"Como seria puro aquele que nasce de mulher?" (Jó, 25,4)

Comentar o quê? Só a queda explica. Todos que nascemos de mulher, sem exceção – inclusive João, o Batista, que era o maior de todos (Mt, 11,11) – somos compromissados com os nossos próprios erros, que estamos resgatando, centavo por centavo, em nossa trajetória de retorno ao sistema.

II – PARA ENTENDER A PERSONALIDADE DE CRISTO

A vida é um aprofundar da forma na substância. É um eterno vir-a-ser. Tudo está em movimento com a finalidade de maior maturação. O físico gera a vida, esta concebe o psíquico, que se dilata cada vez mais e, numa constante transformação da substância, manifesta-se em consciência. Então é natural que, ao dilatarmos a consciência rumo à superconsciência, os conceitos que surgem diante de nossa visão mental se ampliem em direção a uma realidade mais profunda. Isto aconteceu com Ubaldi, porque acontece com todos (1Pd, 2,2), principalmente com relação ao tema central de sua obra: *Cristo*. Vejamos este amadurecer do pensamento do Apóstolo Redivivo no final do segundo milênio, em relação a Cristo:

> No capítulo XIV – "A essência de Cristo" do volume *Deus e universo* (10.º), escrevi na Itália em 1952 e publiquei no Brasil em 1954, estas palavras: "Sinto que nessas páginas se aproxima a visão do conceito da essência do Cristo numa primeira aproximação, prelúdio de uma compreensão mais profunda que alcançará seu ápice no último volume (24.º), coroamento de toda a obra." Ao concluir o referido capítulo eu afirmei: "Encerro esta visão sobre a essência do Cristo, primeiro esboço de visões maiores."

> Tinha consciência assim, desde aquela época, de que minha compreensão do assunto constituía-se num fenômeno em evolução. (*Cristo*, FUNDÁPU, 2.ª ed., pp. 37-38)

Neste seu último livro, de suprema racionalidade, Ubaldi coloca o Cristo como nosso irmão na substância e na dor-resgate. Na substância porque procedemos do sistema, na dor-resgate porque Ele também se rebelou originariamente, não podendo, antes do devido pagamento, voltar àquela dimensão. É uma visão diferente esta de Ubaldi. É o "Cristo da contestação" (p. 22), não o da "lenda" (p. 55). É um conceito que pode "escandalizar o misoneísmo dos conservadores" (p. 53). Sua paixão toma um novo significado: "não é lícito para o homem – porque injusto e imoral – pretender fazer-se redimir pelo sacrifício de Cristo" (p. 40).

Qual é então a necessidade do seu sofrimento? E Ubaldi responde segundo sua sintonia com a Lei: antes de tudo, reparação – "É chegada a hora de ver em Cristo não apenas seu amor e sacrifício, que outrora tanto nos confortava, mas, antes, e sobretudo, um exemplo de justiça que nos induza ao seu cumprimento e não a evadirmo-nos dela" (pp. 42-43). "A paixão de Cristo é, então, devido a um último assalto do Anti-Sistema contra um elemento que lhe foge para reingressar no Sistema, ao mesmo tempo em que constitui a libertação deste ser em relação ao AS, assim como seu triunfo no S" (p. 60).

A pergunta que se faz após esta introdução é: O que falam as escrituras e outras revelações sobre a queda dos anjos no geral e a de Cristo no particular, examinadas por Ubaldi?

1) A queda dos anjos

Pietro Ubaldi estuda o fenômeno da queda ou involução, com a consequente evolução de retorno à perfeição original, nas incomparáveis obras *Deus e universo*, *O sistema* e *Queda e salvação*.

a) "E disse-lhes (Jesus): 'Eu via o adversário (*satanás* em hebraico ou *diabo* no grego) caindo do céu, como relâmpago" (Lc, 10,18). Então ocorreu uma expulsão do céu? Como ocorreu? Quem é o adversário? A queda dos anjos de Ubaldi explica.

b) "Como caístes do céu, ó estrela da manhã, Lúcifer, filha da alva!... Como fostes lançados por Terra?"(Is, 14,12) Os espíritos que caíram tinham a luminosidade comparada à das estrelas? Eram perfeitos relativamente à função que exerciam? Para onde foram lançados? A queda dos anjos de Ubaldi explica.

c) "Deus não poupou aos anjos que pecaram, mas, havendo-os lançado no inferno os entregou às cadeias da escuridão, ficando reservados para o julgamento" (2Pd, 2,4). O que é inferno? Onde fica? Como a dor corrige o ser rebelde? Como é o julgamento dos espíritos caídos? A queda dos anjos de Ubaldi explica.

d) "Houve uma peleja no Céu... pelejaram satanás com os seus anjos ... todavia não prevaleceram nem mais se achou no céu o lugar deles ... foram atirados por terra." (Ap, 12,4 e 7,9) Então houve uma revolta? Esta revolta foi consciente? Qual o remédio previsto pela onisciência da Lei para a reparação da culpa? A queda dos anjos de Ubaldi explica.

e) "E os anjos que não conservaram a sua posição original, mas abandonaram a sua moradia correta, Ele reservou com laços eternos, em profunda escuridão, para o julgamento do grande dia." (Jd, 1,6). Qual era a posição original de cada espírito? Todos estavam no mesmo nível? Havia uma hierarquia de função e de conhecimento? Como e onde era a moradia deles? A queda dos anjos de Ubaldi explica.

f) Questões de *O livro dos espíritos*:

> Qual dos dois, o mundo espírita ou o mundo corpóreo, é o principal, na ordem das coisas? O mundo es-

pírita, que preexiste e sobrevive a tudo. [...] O mundo corporal poderia deixar de existir, ou nunca ter existido, sem que isso alterasse a essência do mundo espírita? Decerto... (pergs. 85-86)

Poderia só existir o mundo espiritual? É o mundo material consequência da revolta dos espíritos? O mundo material terminará com o fim da evolução? A queda dos anjos de Ubaldi explica.

g) "Deus criou todos os espíritos simples e ignorantes." (*O livro dos espíritos* – perg. 115). Se Deus é a inteligência suprema, como explicar a frase acima a partir da afirmação bíblica de que fomos criados "à imagem e semelhança de Deus"? (Gn, 1,26). Como conciliar a consciência divina com a inconsciência dos espíritos formados por Ele? A queda dos anjos de Ubaldi explica.

h) "O vosso mundo, que, na fase de sua formação saiu do estado de incandescência dos fluidos impuros... ao completar-se esta grande obra de purificação da Terra."[6] Se o mineral (terra) não tem consciência e, por conseguinte, livre-arbítrio para se transviar, como explicar que sua origem é impura? Quem o fez? Por que o fez impuro? A queda dos anjos de Ubaldi explica.

i) "O espírito que se prepara nos diversos reinos inferiores (mineral, vegetal e animal)... se desenvolve, nasce, se *educa*." (*Os quatro Evangelhos*, tomo I, p. 316). A palavra *educar* provém do latim *educare* e comunica a noção de levar para fora, fazer sair, extrair e tirar de dentro. Se o espírito originariamente foi criado simples e ignorante, o que é que ele vai tirar de dentro de si? Pode o menor gerar o maior? A queda dos anjos de Ubaldi explica.

2) O caso Cristo

a) Segundo Allan Kardec, Cristo é o nosso "modelo" (*O livro dos espíritos*, perg. 625). Logo, é bom ressaltar que para falar do caso particular de Jesus, é oportuno vê-lo

---
[6] J-B. Roustaing. *Os quatro Evangelhos*, tomo I, pp. 335-336.

como exemplo de conquista evolutiva, e não fazer vidraça de sua queda passada. Por isso, afirmou Pietro Ubaldi que quando Jesus esteve entre nós, há dois mil anos, já havia alcançado a perfeição relativa a sua função originária: "Cristo já era do Sistema."[7]

b) Segundo Roustaing,[8] Jesus evolveu através dos reinos mineral, vegetal e animal. Após atingir o estado de consciência, foi sempre obediente à Lei, sempre marchando para a perfeição sideral (sistema), sem passar pela "queda do homem" (v. *O livro dos espíritos*, perg. 262). Segundo a queda dos anjos apresentada racionalmente por Ubaldi, o espírito que não se rebelou no sistema não passa pelos reinos inferiores – mineral, vegetal e animal (anti-sistema). Só os filhos da revolta conhecem esta escalada evolutiva. A queda do Cristo apresentada por Ubaldi se encaixa com a afirmação da revelação da Revelação, dada a Roustaing.

c) Os evangelistas, assistidos pelos apóstolos e por Moisés, ainda revelam em *Os quatro Evangelhos* que Jesus passou pelas fases da inocência e da ignorância, da infância e da instrução sempre dócil (tomo I, p. 302). Estas fases da evolução ocorrem, segundo Roustaing, imediatamente após a reconquista da consciência racional, responsável e livre. Ora, para Ubaldi estas fases são consequências da escalada evolutiva, filhas da queda.

d) Emmanuel, pela psicografia de Francisco Cândido Xavier (*O consolador*, FEB, perg. 243) proclama "Jesus Cristo, fundamento de toda verdade neste mundo, cuja evolução se verificou em linha reta para Deus." Ora, para Ubaldi, a evolução é consequência da involução; ou melhor, só evolui aquele que desceu involutivamente. A evolução é uma saída da inconsciência adquirida pela queda para a perdida plenitude original. Assim, a afirmação de Emmanuel de que Jesus "subiu em linha reta" (evolução) requer a sua complementação, a involução. É

---
[7] *Cristo*, FUNDÁPU, 2a ed., p. 92.
[8] *Os quatro Evangelhos*, tomo I, pp. 118-119 e tomo IV, pp. 421-422.

urgente ressaltar que "linha reta" significa caminho de retidão ou sem falha, como afirmou o mestre: "Quem me arguirá de erro?" (Jo, 8, 46)

e) "Por ventura não deveria o Cristo sofrer tudo isso para entrar na sua substância?" (Lc, 24,26). As traduções correntes apresentam "glória" no lugar de "substância"; porém, no original grego a palavra é *doxa*, que pode ser traduzida por uma ou outra. No entanto, como admitir um espírito de perfeição crística pedindo e anunciando sua entrada na glória? É incompatível com sua humildade. O que temos é que Jesus anuncia readquirir a substância espiritual originária após os sofrimentos na escalada evolutiva através do mundo material.

f) Disse Paulo Apóstolo:

> Cristo que nos dias de sua vida terrestre apresentou pedidos e súplicas com veemente clamor e lágrimas àquele que o podia salvar da morte; e foi atendido por causa de seu temor piedoso. Embora fosse filho aprendeu a obediência pelas coisas que sofreu; e, depois de ter se aperfeiçoado, tornou-se responsável pela salvação eterna de todos os que lhe obedecem, recebendo, por isso, de Deus o título de Sumo Sacerdote, segundo a ordem de Melquisedec. (Hb, 5. 7-10)

Cristo aprendeu a obediência pelas coisas que sofreu? Cristo foi desobediente à Lei? Tinha carma a solver? Como explicar as suas lágrimas, clamor e temor piedoso? Ele se aperfeiçoou? Em seu *Cristo*, Ubaldi explica.

g) "Pai, dá-me a substância que eu tinha antes de o mundo ser." (Jo, 17,5). Aqui também a tradução para *doxa* é "substância" e não "glória". E mundo significa o anti-sistema. Assim, o Cristo intercede ao Pai para ser transubstanciado para a sua condição originária, a qual possuía no sistema. Continua Jesus: "Saí do Pai (Sistema) e vim ao mundo" – anti-sistema (Jo, 16,20). No grego original, este "saí" significa ir do centro para a periferia, do âmago para a superfície. O professor Carlos Pastorino esclarece que é semelhante ao vapor que sai da água, conservando, porém, a mesma substância. E querendo definitivamente explicar sua vitória sobre a evolução, Cristo afirma inconteste: "Eu venci o mundo" – anti-sistema (Jo, 16,33).

h) No Apocalipse, vemos o Cristo revelar para João evangelista em espírito: "Eu sou o Alfa e o Ômega" (1,8). Uma interpretação segundo o pensamento de Ubaldi seria: eu sou originariamente do Sistema (alfa) e readquiri novamente este estado (ômega), após sofrer tudo que havia de sofrer, por meio da evolução. Com a mesma tônica, continua o Mestre no Apocalipse (1,8): "estive morto (anti-sistema), mas eis que estou vivo eternamente (sistema)" (1,18).

i) "Meu Deus, Meu Deus por que me desamparaste?" É uma pergunta didática esta de Jesus. É lógico que o Senhor já conhecia a resposta, pois, imediatamente afirma: "Nas tuas mãos entrego o Espírito." No entanto, o que significa este desamparo? Deus, que é amor, não desampara seus filhos. É apenas um intervalo em que a Lei espera a aceitação livre e espontânea do ser – que sozinho precisa afirmar, com a força do testemunho, a total vontade de integrar-se na ordem do sistema originário. Como só, e espontaneamente, decidiu afastar-se da casa paterna em busca da terra estranha do anti-sistema.

Assim, temos muita coisa para meditar. Com o estudo, ou ao menos a leitura, dos 24 volumes de Pietro Ubaldi podemos melhor entender a figura do Cristo segundo a visão deste que é a maior antena psíquica do século 20.

III – PARA ENTENDER A EVOLUÇÃO DA MATÉRIA

Visando esclarecer os principais temas do pensamento ubaldiano, vamos seguir, em linguagem científica, o processo da "sublimação" da matéria. Tais temas são muito importes para o entendimento, em profundidade, de como a matéria inorgânica se torna orgânica por sublimação. Para os que desejam uma apresentação menos técnica e mais sintética, fizemos, dentro das condições possíveis, um resumo no final deste capítulo, com um único objetivo: a didática. Os temas de que passamos a nos ocupar foram magnificamente estudados por Ubaldi em *A grande síntese*. E como esse apóstolo da verdade é uma das palavras mais abalizadas em evolução, tivemos apenas o trabalho de sinteticamente compilar, por assunto, tão-somente citando Ubaldi. Os conceitos que correm por toda essa *A grande síntese* têm a forma "divina e doce, austera e compassiva", como afirmou Emmanuel.

1) Como a matéria surge e evolve?

Diz Pietro Ubaldi:

> (...) muitas nebulosas, que vedes surgir nos espaços, sem que antes qualquer coisa visível lá houvesse, nascem

por condensação de energia. [...] Obedecendo à impulsão que lhe imprime a grande lei de equilíbrio, ela, a energia, se acantona, se acumula, retorna, dobra-se sobre si mesma. [...] O movimento se faz cada vez mais intenso, o vórtice fecha-se em si mesmo, o turbilhão se torna verdadeiro núcleo de atração dinâmica. Quando já ele não pode mais suportar, no seu âmbito, todo o ímpeto da energia acumulada, chega um momento de máxima saturação dinâmica, um momento crítico, em que a velocidade se torna massa. [...] Deus criou. [...] Da imensa tempestade nasceu a matéria.

O hidrogênio é o tipo fundamental, a matéria, na sua expressão mais simples, é a sua forma primitiva e originária, da qual derivam pouco a pouco as outras, por evolução. [...] O hidrogênio, cujo átomo constitui o sistema mais simples, o de um só elétron [...] corresponde-lhe um peso atômico de 1,008. A partir daí, o peso atômico vai em progressivo aumento, proporcional ao número de elétrons, nos sistemas atômicos dos corpos, até o urânio [...] de peso atômico máximo, 238,2, correspondente a um sistema atômico de 92 elétrons. [...] Podereis, então [...] estabelecer uma graduação de complexidade que, a partir do hidrogênio, chegue até as fórmulas complexas [...] uma série química [...] uma verdadeira árvore genealógica das espécies químicas, a cujo desenvolvimento podereis aplicar os conceitos darwinianos de evolução, variabilidade e, mesmo, de hereditariedade e de adaptação.

O núcleo (atômico), centro da rotação eletrônica, não é o último termo. [...] É um sistema planetário da mesma natureza e forma do sistema atômico, interior a este, composto e decomponível, ao infinito, em similares sistemas menores e interiores. [...] O núcleo é a semente gérmen da matéria.

Das 92 espécies de átomos, o hidrogênio é o mais simples, compondo-se de um só núcleo e de um só elétron, a lhe girar em torno. Ele se conserva quimicamente indecomposto. Tirai a esse núcleo o seu único elétron e tereis o ÉTER, a substância mãe do hidrogênio. O éter, por conseguinte, se compõe unicamente de núcleos sem elétrons e a passagem do éter a hidrogênio e SUCESSIVAMENTE A TODOS OS CORPOS da série estequiogenética se produz por aberturas progressivas do sistema espiraloide.

[...] Em princípio, na passagem do éter para hidrogênio, tem-se a abertura do sistema do núcleo com a saída de um só elétron, em seguida com a de dois, de três, até a de 92.

Vemos que à ordem de formação sucessiva dos elementos corresponde aumento de peso atômico. Esse aumento, que aqui (no urânio) chega ao seu máximo, é dado pela passagem da energia, da sua forma potencial, qual existe no núcleo, à sua forma cinética, qual apresenta nos diversos sistemas atômicos, cada vez mais complexos. (À saída de cada novo elétron do núcleo implica sempre adição de uma nova órbita e estas, à medida que se aproximam da periferia, se tornam mais velozes). Como vedes, o peso atômico é mais que um simples índice de grau de condensação, pois que se conjuga a lei em virtude da qual a massa de um corpo é função da sua velocidade e ao fato de que solidez e constituição da matéria são também função da velocidade que lhe anima as partes componentes. [...] Atingindo este ponto da sua evolução o sistema máximo da matéria (últimos elementos da escala) nada mais faz do que continuar o seu movimento de natureza espiraloide, na sempre seguida direção expansiva. [...] A espiral continua a abrir-se, até ao ponto em que os elétrons não mais volvem a girar em torno do núcleo; porém, à guisa de cometas e não mais de satélites, se lançam nos espaços com trajetórias independentes. [...] Chegados (os elétrons) à máxima órbita periférica, onde máxima é a velocidade de translação, rompe-se o equilíbrio atração-repulsão, até então estável, e os elétrons, já não podendo manter-se na órbita precedente, se projetam quais bólidos fora do sistema, tocados por impulsões diretas para novos equilíbrios. [...] Quando digo elétrons, não digo matéria, segundo o vosso conceito sensório; falo de um outro turbilhão dinâmico (cuja massa é dada pela velocidade íntima do sistema), que assume características de matéria, somente quando vibra de íntima velocidade, no seu sistema circular fechado.

Atingindo o último grupo da série estequiogenética, a dos corpos radioativos, a matéria inicia a sua transformação em ENERGIA, por progressiva expulsão de elétrons (cometas). A isso corresponde, logicamente, uma perda de massa. Por outras palavras: as qualidades RADIOATIVAS se tornam cada vez mais evidentes com tendência cada vez mais acentuada para a DESAGREGAÇÃO ESPONTÂNEA e a formação de individuações químicas cada vez mais instáveis, cujo sistema de forças cada vez mais rapidamente se desloca, em busca de novos equilíbrios.

Eis aí a origem do sistema energético.

2) Como a energia evolve?

Continua Pietro Ubaldi:

> Está provado, mesmo pela observação, que todas as transformações de energia ocorrem segundo uma lei constante de degradação, pela qual ela, a energia, conquanto se conserve íntegra (PRINCÍPIO DE CONSERVAÇÃO DA ENERGIA), na sua quantidade, tende a se difundir, dispersando-se no espaço, nivelando, num estado de equilíbrio, as suas diferenças, com o passar do heterogêneo ao homogêneo. Deteriora-se, assim, no sentido de que a soma dos efeitos úteis e a capacidade de trabalho vão sempre diminuindo (PRINCÍPIO DE DEGRADAÇÃO DA ENERGIA). Estes dois princípios opostos de CONSERVAÇÃO e DEGRADAÇÃO (perda de energia útil) provam o perene transformismo, bem como a indestrutibilidade da SUBSTÂNCIA, mesmo na sua forma de energia.
>
> Demonstram estas duas leis que o fenômeno do transformismo da substância indestrutível tem uma direção sua determinada e que essa direção é irreversível. [...] Assim, a energia acumulada tende sempre a dispersar-se e o contrário nunca se dá. Todo o sistema tende, pois, para um estado de difusão, de equilíbrio, de quietude, de igualamento, como consequência de uma série de transformações, que se operam constantemente, nessa direção e nunca na oposta. Tudo, dessa maneira, parece condenado a extinguir-se, a aniquilar-se, a desaparecer.
>
> QUE SIGNIFICA ESSE IRREVERSÍVEL FENÔMENO DE DEGRADAÇÃO?
>
> Toda a transformação de energia conduz à sua degradação, sendo inevitável uma perda, cuja repara-

ção a irreversibilidade impede, necessário, entretanto, é que, nas grandes linhas de um equilíbrio mais vasto, encontre esse movimento a sua compensação. [...] A irreversibilidade demonstra a evolução. [...] A degradação dinâmica (energética) significa, sob a aparência de dispersão, uma transformação substancial para mais ALTAS FORMAS. [...] A energia, ainda que na sua degradação pareça dispersar-se em realidade amadurece para mudar-se nas mais altas formas que a evolução alcançará na fase ESPÍRITO.

A ordem evolutiva das formas dinâmicas é a seguinte, tendo-se em conta unicamente as regiões que conheceis:

1 – Gravitação
2 – Radioatividade
3 – Radiações químicas (espectro invisível do ultravioleta).
4 – Luz (espectro visível)
5 – Calor (radiações caloríficas escuras. Espectro invisível do infravermelho)
6 – Eletricidade
7 – Som

Na ascensão (energética), decrescem as qualidades cinéticas, o potencial sensível das formas: mas, o que se perde em quantidade adquire-se em qualidade, isto é, perdem-se cada vez mais as características de matéria, ponto de partida, ganhando-se cada vez mais as de VIDA, ponto de chegada.

Comprovaremos, na sucessão das formas dinâmicas, um constante DECRESCIMENTO DE VELOCIDADE DE VIBRAÇÃO, à medida que nos afastamos das origens, isto é, que vamos ascendendo da gravitação à luz, à eletricidade etc. [...] É lógico que as primeiras emanações dinâmicas, quais a gravitação e os raios X, sejam as mais cinéticas, visto serem as que estão mais perto da fonte do movimento delas, o vórtice atômico. Com a evolução (em virtude da lei, que já apreciamos, de degradação), a vibração tende ao repouso e a onda a alongar-se cada vez mais. [...] Se as primeiras formas dinâmicas são as mais rápidas e as mais potentes, as últimas são as mais sutis e as mais evolvidas. [...] Podem individuar-se estas formas, assim pela frequência vibratória, como pelo comprimento de onda.

Comprimento de onda é o espaço que a onda percorre, enquanto dura um período vibratório. Individuadas pelo comprimento de ondas, as formas dinâmicas se apresentam com características próprias. Entretanto, ascendendo ao longo da série das espécies dinâmicas, a velocidade de vibração diminui, ao mesmo passo que aumenta a amplitude da onda.

Esta relação, inversa, isto é, tanto a decrescente vibratória como a progressiva extensão do comprimento de onda, corresponde ao mesmo princípio de degradação de energia. Nessa degradação, que não é nem perda, nem fim, mas, apenas, transformação, que adquire em qualidade o que perde em quantidade, está a substância da evolução.

Diminuindo a velocidade de vibração, a onda se estende. A potência cinética, em consequência, se extingue numa zona mais tranquila. Chegadas a este ponto, as formas dinâmicas vão criando o substrato de um novo arremesso possante de um novo modo de ser. A evolução, atingindo o mais alto vértice de forma dinâmica, se encaminha para criações novas, passando dessa última especialização, mediante reorganização das formas individuais em múltiplas unidades coletivas, às espécies de uma classe mais elevada.

Assim, no último degrau da escala estequiogenética, os corpos radioativos se transformam em energia, também no último degrau da série dinâmica A ELETRICIDADE SE TRANSFORMA EM VIDA.

Vejamos toda a evolução da árvore genealógica das espécies dinâmicas no gráfico a seguir:

ÁRVORE GENEALÓGICA DA ENERGIA	FREQUÊNCIA: Vibrações por segundo	COMPRIMENTO DE ONDA μ micron = 1 milésimo de milímetro
Gravitação	Máxima	Mínima
Radioatividade	FICA ENTRE: 2 quintilhões à 288 quatrilhões V/S	Raios γ = 0,000.007.2 μ
		Raios X = 0,0012 μ
Radiações químicas (Espectro invisível do ultra-violeta)	FICA ENTRE: 288 quatrilhões à 750 V/S	Ultra-violeta = 0,0202 μ
Luz — Violeta	700 trilhões V/S	0,4 μ
Índigo	660 trilhões V/S	
Azul	620 trilhões V/S	
Verde	580 trilhões V/S	
Amarelo	540 trilhões V/S	
Alaranjado	500 trilhões V/S	
Vermelho	450 trilhões V/S	1 μ
Calor	FICA ENTRE: 400 trilhões à 1 bilhão V/S	FICA ENTRE: 1 μ e milhares de μ
Eletricidade	1 bilhão de V/S	Milhares e milhares de μ
Som	32.000 à 32 V/S	Máximo

3) O que é a vida em si mesma?

Prossegue Pietro Ubaldi:

> Da eletricidade (a mais madura forma dinâmica), a um novo – grande percurso da evolução, nasce a vida. [...] Vida é, em sua origem, pequenina centelha, em que

prossegue a expansão evolucionista do princípio nuclear, atômico e dinâmico (onda), uma forma cada vez mais complexa de coordenação de partes, de especialização de funções, de organização de unidades e de atividades.

Nasce a VIDA, não a forma que vedes, mas o PRINCÍPIO, QUE CRIARÁ PARA SI A FORMA, como veículo e meio de sua ascensão. Nesse PRINCÍPIO, que ANIMARÁ a primeira MASSA PROTOPLASMÁTICA, está o gérmen de todas as sucessivas e ilimitadas relações da nova forma da substância. [...] A verdadeira vida não é uma síntese de substâncias proteicas, mas o princípio que estabelece e guia esta síntese. A vida não está na evolução das formas, porém na evolução do centro imaterial que as anima. A vida não está na química complexa do mundo orgânico e sim no psiquismo que a rege.

O nosso ingresso no mundo biológico se verifica precisamente por meio das formas dinâmicas. Com a eletricidade, situada no vértice destas últimas, damos não com as formas, porém com o princípio da vida, com o motor genético das formas.

4) Como surge a matéria orgânica?

A vida: panorama sem confins. Filha da ENERGIA ONIPRESENTE, a vida está em toda parte no universo. [...] Panbiose ("todo-vida"), não mediante transmissão de esporos, ou de germes, por vias interplanetárias ou interestelares, mas pela onipresença da grande mãe: a energia – princípio positivo, ativo, conjugado ao princípio negativo, passivo: a matéria. O GÉRMEN DO PSIQUISMO há descido do céu, como um fulgor, às vísceras da matéria, que o apertou em seu seio, num amplexo profundo, envolvendo-o, dando-lhe, tirado de si mesma, um corpo, uma VESTE, a forma de sua manifestação concreta. [...] A matéria (inorgânica) é tomada por um turbilhão cada vez mais veloz, que a invade até a sua mais íntima essência, para que possa responder ao novos arremessos do ser, para que possa tornar-se meio de desenvolvimento do novo princípio psíquico da vida.

Dada a natureza da energia, que é contínua expansão no espaço, o PRINCÍPIO DA VIDA se encontra difuso por toda parte, como a luz e as outras formas dinâmicas. Ele se propaga como forma vibratória, até que encontre RESISTÊNCIA NUMA MASSA AGLOMERADA. Assim, a energia, que pela sua natureza se há difundido nos espaços, e é por isso onipresente, atinge toda a condensação da matéria. Somente um trem de elétrons constitutivos da energia elétrica, extremamente degradada, quando tenha chegado ao último limite evolutivo das suas espécies dinâmicas, pode acarretar mudanças radicais na íntima estrutura do átomo, mudanças não casuais, desordenadas, caóticas, porém oriundas de uma nova ordem, mais complexa e profunda, de movimentos. [...] Detenhamo-nos um momento sobre esta aproximação entre eletricidade e vida, para compreendermos porque essa força se acha colocada precisamente no início da nova manifestação. Sabeis que o equilíbrio interno do átomo e as órbitas do seu sistema planetário são regidos por atrações e repulsões de caráter elétrico e que o oscilar entre esses impulsos e contra-impulsos é que lhes mantém o encadeamento numa condição de êxtase exterior. Nada, pois, e tão apropriado a deslocar o equilíbrio do sistema e o enxertar-se naquele movimento, quanto a intervenção de um novo impulso, ou ação de matéria elétrica. A eletricidade se enxerta assim na vida e a encontrais sempre presente, sobretudo se considerada esta última, no seu íntimo dinamismo motor. [...] Quando de um sistema rotatório (atômico), sobrevém uma força nova (vida), esta se imite no sistema e tende a se adicionar e fundir no tipo de movimento circular preexistente. Podeis imaginar que profundas complicações advêm ao encadeamento já complexo das forças atrativo-repulsivas. O simples movimento circular se agiganta num mais COMPLEXO MOTO VORTICOSO. Pela imissão de novos elétrons, o movimento não só se complica na estrutura, como também se reforça, alimentado por novas impulsões. Em vez de um sistema planetário, tereis uma nova unidade que vos lembra os sorvedouros d'água, as trombas marinhas, os turbilhões e ciclones. [...] A primeira expressão da vida, portanto, toma a forma de vórtice. O tipo de movimento do átomo físico se combina consigo mesmo em movimentos mais complexos, por obra da nova imissão dinâmica.

Nem todos os átomos, porém, respondem igualmente ao mesmo impulso, nem todos se acham igualmente aptos a serem arrastados no ciclo de vida. A RESISTÊNCIA À

PENETRAÇÃO ELETRÔNICA NÃO É CONSTANTE PARA OS VÁRIOS CORPOS SIMPLES; ao contrário, muda exatamente de acordo com seus PESOS ATÔMICOS. [...] A radiação eletrônica pode investir todos os átomos; porém, os mais leves são os mais prontos a obedecer e esta capacidade receptiva está na razão inversa dos seus pesos atômicos. [...] Quanto mais numerosos forem os elétrons, tanto maiores serão a massa e a inércia, isto é, a resistência a obedecer impulsos exteriores. [...] Os elétrons do átomo oferecem uma resistência proporcional ao número deles.

O PRIMEIRO ORGANISMO cinético, em que essa síntese química se iniciou, foi O RAIO GLOBULAR. Os primeiros corpos a serem imitidos no novo sistema dissemos terem sido os de baixo peso atômico, existente em estado gasoso na atmosfera; e este foi exatamente o berço em que tudo se achou pronto para o desenvolvimento do novo organismo de origem elétrica e circuito fechado. Conquanto ELE HOJE NÃO APAREÇA. Por se haverem mudado as condições do ambiente, senão como instável recordação atávica, podeis verificar que a sua densidade se aproxima da do hidrogênio, que naturalmente tinha que ser, dada a sua estrutura atômica, o primeiro elemento movido pela radiação elétrica. Com efeito, nos casos que podereis observar, reconhecereis que esses globos elétricos "flutuam" no ar, o que prova que a densidade deles é menor, ou quase, do que a da atmosfera como exatamente o é a do hidrogênio. O PRIMEIRO MATERIAL BIOLÓGICO, POIS, FOI O HIDROGÊNIO, AO QUAL, EM SEGUIDA, OUTROS SE JUNTARAM. Este é o primeiro corpo de que a energia se revestiu, o seu primeiro apoio na terra; um CORPO LEVE, GASOSO, À ESPERA DE CONDENSAÇÃO E DE COMBINAÇÕES. De hidrogênio, a mais simples expressão da matéria, revivida por um impulso dinâmico potentíssimo, é constituído o raio globular. [...] Desse modo, a eletricidade há podido condensar os elementos do ar. Agora reconhecereis que o ar contém exatamente os quatro corpos fundamentais H, C, N O, que se vos deparam na BASE DOS FENÔMENOS DA VIDA. Eles apresentam a propriedade de existir em estado gasoso na atmosfera; hidrogênio, carbono, azoto, oxigênio, representados pelo azoto e oxigênio em estado livre e pelos outros em estado de vapor d'água (H_2O) e de gás carbônico (CO2); prontos a encontrar toda a série dos corpos secundários que os auxiliarão na formação do PROTOPLASMA

DEFINITIVO. Vemos, pois, que precisamente estes corpos, pela característica que têm, de possuir peso atômico baixos, são os primeiros a imergir no círculo vital.

5) Resumo

Obedecendo ao impulso da grande lei de equilíbrio, a energia dispersa começa a acumular-se, a dobrar-se sobre si mesma, num movimento cada vez mais intenso, à semelhança de um turbilhão. Quando esse movimento chega ao momento de máxima saturação dinâmica, num determinado instante crítico, surge uma nova forma de transição, que chamamos de *éter*; tal substância se compõe apenas de núcleos, sem elétrons. É a substância-mãe do hidrogênio. A passagem do éter para hidrogênio, e sucessivamente a todos os corpos da escala química, é produzida pela abertura do núcleo atômico com a saída de um só elétron (hidrogênio), em seguida com a de dois (hélio), de três (lítio), até 92 (urânio). A saída de cada elétron implica o aumento de peso atômico e a adição de uma nova órbita, que cada vez se torna mais periférica e mais veloz. Chegando aos últimos elementos da escala, onde as órbitas estão no extremo da periferia e no máximo de velocidade de translação, rompe-se o equilíbrio atração-repulsão e os elétrons, já não podendo manter-se em órbita circular fechada, lançam-se, quais cometas, para fora do sistema precedente, em busca de novo equilíbrio: a energia.

Pelo diagrama temos, que a energia começa a se acumular, impulsionada por um movimento intrínseco:

Surge o éter, substância de transição entre a energia e a matéria. Estado máximo de saturação energética:

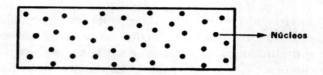

Quando cada núcleo de éter, substância-mãe da matéria, expele um elétron de seu seio, temos o hidrogênio, elemento de peso atômico mínimo:

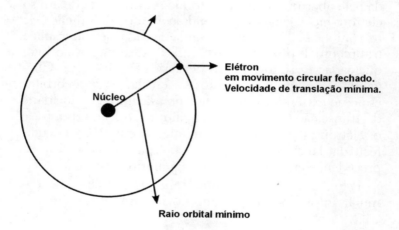

E assim, com a saída sucessiva de elétrons (2, 3, 4... 92) chegamos ao urânio, elemento de máximo peso atômico, em que os elétrons das órbitas periféricas se desligam do sistema atrativo-repulsivo com o núcleo, manifestando-se, assim, em um novo estado – a energia:

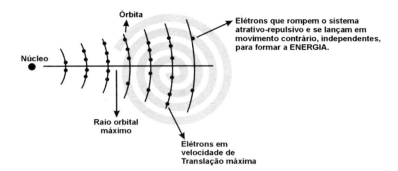

A energia, em seu estado primeiro, é uma degradação dos elementos radioativos. Nesse novo estado, há uma lei que diz: "Toda a transformação de energia conduz à sua degradação, sendo inevitável uma perda, cuja reparação a irreversibilidade impede." Essa "perda" irreparável deve ser só na aparência, ou melhor, perifericamente, pois, dentro das linhas de um equilíbrio maior, "nada se perde, mas tudo se transforma" para níveis mais altos. A degradação energética se dispersa apenas na forma, naquilo que é considerado realidade, porque é sensório, mas amadurece, evolve em substância, numa nova fase: a vida.

Esta degradação ocorre quando a frequência diminui e, em contrapartida, aumenta o comprimento de onda, o que causa a impressão externa de "perda". Vemos ocorrer o amadurecimento energético desde as primeiras emanações energéticas, tais como a gravitação e o raio X, que estão mais perto da origem, do vórtice atômico – por isso a frequência altíssima e o baixo comprimento de onda. Este amadurecimento chega também até às últimas emanações, mais sutis e mais evolvidas, que estão na fronteira da vida, com frequência vibratória mínima e máximo comprimento de onda.

Diagramando, temos:

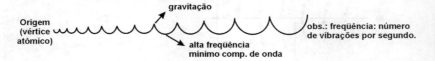

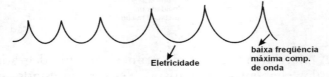

Vejamos a ordem evolutiva dessas emanações:

a) Gravitação
b) Radioatividade
c) Radiações químicas (Espectro invisível do ultravioleta)
d) Luz (Espectro visível)
e) Calor (Espectro invisível do infravermelho)
f) Eletricidade
g) Som

A vida, fruto da energia onipresente, está em toda parte. É originariamente uma pequenina centelha, que não devemos confundir com a forma, mas é o princípio que criará para si a forma, animando-a. Com a eletricidade, a mais evolvida emanação energética, encontramos não as formas, porém o princípio inteligente, ou hálito vital, que invade a matéria inorgânica como um turbilhão, envolvendo-a, tirando dela um corpo, uma veste, a forma para sua manifestação. Nem todos os átomos, elementos que constituem a matéria inorgânica, respondem igualmente à invasão da eletricidade em seu âmago. A resistência à invasão da energia degradada é diretamente proporcional ao número de elétrons que circulam num átomo. Quanto mais numerosos forem os elétrons, tanto maiores serão a massa e a inércia, isto é, a resistência à invasão da vida. Os primeiros corpos inorgânicos que a eletricidade penetrou foram os de baixo peso atômico, existentes em estado gasoso na atmosfera. Logo, foi o hidrogênio o primeiro material biológico, gerando um organismo simplíssimo, que Pietro Ubaldi chama de *raio globular*, ao qual, em seguida, outros elementos químicos vieram juntar-se.

Diz Ubaldi:

> Agora reconhecereis que o ar contém exatamente os quatro corpos fundamentais H, C, N, O, que se vos deparam na base dos fenômenos da vida. Eles apresentam a propriedade de existirem em estado gasoso na atmosfera; hidrogênio, carbono, azoto, oxigênio, representados pelo azoto e o oxigênio em estado livre e pelos outros, em estado de vapor d'água (H_2O) e de gás carbônico (CO_2); prontos a encontrar toda a série de corpos secundários, que os auxiliarão na formação do PROTOPLASMA DEFINITIVO.

O hidrogênio, elemento mais simples, é o material que a eletricidade invade formando um organismo vivo, rudimentar, chamado raio globular:

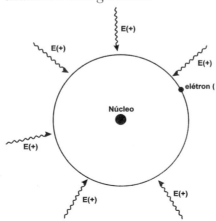

Com a evolução desse primeiro material orgânico, chegamos ao protoplasma definitivo e, nele, à base de sustentação da vida:

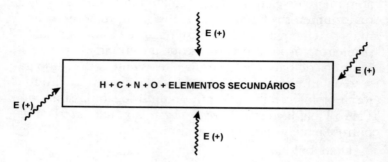

IV – Para Entender o Monismo

No princípio era o Verbo, e o Verbo estava com Deus, e o Verbo era Deus. Ele estava no princípio com Deus. Todas as coisas foram feitas por intermédio dele, e sem ele nada do que foi feito se fez. [...] E o Verbo se fez carne.

(Jo, 1,1-3.14)

O Evangelho de João é de uma profundidade surpreendente. Nele, encontramos os grandes temas que a filosofia se debate por solucionar. É uma antevisão do futuro. Suas afirmações são semelhantes a setas que apontam para o que só amanhã, mais amadurecidos, entenderemos melhor. Mas, como o alto nunca nos deixa órfãos, de tempos em tempos chegam às praias planetárias abençoados anjos, estrelas caídas do céu, que nos ensinam a reler, em espírito e verdade, e por aproximações sucessivas, as maravilhas reveladas pelo místico de Patmos. Pietro Ubaldi, como nenhum outro, aproximou-nos do Evangelho revelado a João. Neste capítulo, vamos nos debruçar sobre o conceito de monismo à luz do pensamento ubaldiano.

Diz o texto evangélico que o verbo era Deus e se fez carne. Então temos:

DEUS = VERBO = CARNE

Ainda no Evangelho de João (4,24), no ensinamento à mulher de Samaria, encontramos a seguinte assertiva de Jesus: "Deus é Espírito." E os textos bíblicos falam mais. Se continuarmos com o mesmo João, podemos chegar em sua Primeira Epístola (1,5) e avistar mais uma definição enigmática: "Deus é Luz." Então, temos também:

DEUS = ESPÍRITO = LUZ

Passemos agora ao conceito de verbo. "Verbo", do latim *verbum*, significa "ação" e tem a mesma raiz de "vibração" e "virtude". E corresponde a energia. Por isso disse Jesus: "Senti sair de mim uma virtude." (Lc, 8,46) Leia-se: Senti sair de mim uma vibração ou energia. Assim temos:

VERBO = ENERGIA

Outro ponto merece comentário. Trata-se da palavra *carne*. Não há dificuldade alguma em dizermos que carne é o conceito de matéria. E podemos diagramar:

CARNE = MATÉRIA

Agora podemos reler o Evangelho de João: "No princípio era o Verbo, e o Verbo estava com Deus, e o Verbo era Deus [...] E o Verbo se fez carne." Traduzindo para os novos conceitos, temos: no princípio era a energia, e a energia estava com o espírito ou a luz. E a energia se fez matéria – é como se estivesse escrito que o espírito se transforma em energia e a energia se coagula na matéria, ou ainda que a luz se transforma em energia e a energia em matéria. Isto é o que André Luiz já havia ensinado, desde 1968, no seu mavioso texto:

> Qualquer aprendiz de ciência elementar, no Planeta, não desconhece que a chamada matéria densa não é senão a energia radiante condensada. Em última análise, chegaremos a saber que a matéria é *luz coagulada*, substância divina, que nos sugere a onipresença de Deus. (*E a vida continua...*, FEB, pp. 69-70, grifos do autor)

Assim, também podemos destacar:

ESPÍRITO = ENERGIA = MATÉRIA

LUZ = ENERGIA = MATÉRIA

Esta última linha é pura ciência. Albert Einstein, na famosa equação que mudou o mundo, afirma que energia (E) é igual a matéria (M) vezes a constante da luz (C) ao quadrado:

$$E = M.C^2$$

Este é o monismo ubaldiano. O espírito (a) se transforma em energia (b) e esta se condensa em matéria (g) no processo involutivo. No processo evolutivo, ocorre o movimento oposto: a matéria (g) se descongela em energia (b) e esta se transforma em espírito (a). Vejamos a "Grande equação da substância", capítulo IX de *A grande síntese*, onde ω representa o todo:

$$(\alpha == \beta == \gamma) == \omega$$

Pietro Ubaldi aprofunda mais:

> Chamei àquela fórmula a *grande equação da substância*, porque exprime as várias formas que a substância assume, embora sempre permanecendo idêntica a si mesma. Poderemos exprimir melhor o conceito com uma irradiação tríplice:

$$\omega = \begin{matrix} \nearrow \alpha \searrow \\ \longrightarrow \beta \longleftarrow \\ \searrow \gamma \nearrow \end{matrix} = \omega$$

Dessas expressões ressalta um fato capital. Sendo α, β, γ, três modos de ser de ω, este se encontra em todos os termos, inteiro, completo, perfeito, total, em todos os momentos. Tal é ω em qualquer de seus modos de existência, assim o reencontraremos sempre em todo o seu infinito devenir.

Assim, a equação da substância sintetiza o conceito da Trindade, isto é, da Divindade una e trina, que já vos foi revelado sob o véu do mistério, e encontrais nas religiões.

A Lei, de que falamos, é o pensamento da Divindade, seu modo de ser como Espírito. O pensamento, concomitantemente vontade de ação, energia que realiza, tornar-se que cria, constitui seu segundo modo de ser, onde a criação se manifesta, nascendo daquilo a que chamais nada. Uma forma de matéria em ação é seu terceiro modo de ser; é a criação que existe, o universo físico que vedes. Três modos de ser distinto e, no entanto, identicamente os mesmos.

Assim ω é o Todo, no particular e no conjunto, no átimo e na eternidade: em seu aspecto dinâmico é tornar-se, eterno no tempo, de αάγ e de γάα, sem princípio nem fim; mas o tornar-se volta sobre si mesmo, é imobilidade, em que (α=β=γ)=ω. Ele é o relativo e o absoluto, é o finito em que se pulveriza o infinito, o infinito em que o finito se recompõe; é abstrato e concreto, é dinâmico e estático, é análise e síntese, é tudo.

A imensa respiração de ω: α -> β -> γ -> βά -> ... etc., também poderia representar-se com um triângulo, ou seja, como uma realidade fechada em três aspectos:

Quando vossa ciência observa os fenômenos da criação, apenas tenta descobrir novo artigo da Lei; mas em qualquer lugar encontrou e encontrará, coexistindo, os três modos de ser de ω. A cada novo pensamento revelado, a ciência realizará uma nova aproximação de vossa mente humana em direção à ideia da Divindade. Também a ciência pode ser sagrada como uma oração, como uma religião, se for conduzida e compreendida com pureza de espírito.

Tudo o que vos disse é a máxima aproximação da Divindade que vossa mente pode suportar hoje. É muito maior que as precedentes, mas não é a última no tempo. Contentai-vos por enquanto. Ela vos diz que sois consciências que despertam, almas que regressam a Deus. É a concepção bíblica do Anjo decaído que reaparece; é a concepção evangélica do Pai, do Filho e do Espírito; é a concepção que coincide com todas as revelações do passado, também com vossa ciência e com vossa lógica; é a concepção de Cristo que, pela dor, vos redimiu. Muitas coisas ainda existem, mas para vós, hoje, por enquanto, permanecem no inconcebível. O universo é um infinito e vossa razão não constitui a medida das coisas.

Não ouseis olhar a Divindade mais de perto, nem definir mais além, considerai-a antes como um resplendor ofuscante que não podeis olhar. Considerai cada coisa que existe e vos cerca como um raio de seu esplendor que vos toca. Não reduzais a Divindade a formas antropomórficas, não a restringis em conceitos feitos à vossa imagem e semelhança. Não pronuncieis Seu Santo Nome em vão. Seja Deus vossa mais alta aspiração, tal como o é de toda a criação. Não vos dividais entre ciência e fé, entre as diversas religiões, com o único intuito de encontrá-lo. Ele está, acima de tudo, dentro de Vós. No profundo dos caminhos do coração como nos do intelecto, sempre Deus vos espera para retribuir-vos o amplexo que vós, mesmo sendo incrédulos, em vossa agitação confusa e convulsiva, irresistivelmente Lhe lançais, pelo maior instinto da vida.

V – Para Entender a Evolução dos Níveis de Consciência

Pedro, o fiel Apóstolo do Cristo, em uma de suas substanciosas cartas, confirma os escritos profundos de Paulo, o Apóstolo dos Gentios, com as seguintes palavras: "Considerai a longanimidade de Nosso Senhor como a nossa salvação, conforme também o nosso amado irmão Paulo vos escreveu, segundo a sabedoria que lhe foi dada" (2Pd, 3,15).

Vamos levar em conta, para a nossa análise, dois pontos fundamentais deste versículo.

1) Segundo Pedro e Paulo, Cristo é nossa salvação, e salvação ou redenção era como os antigos designavam o progresso ou a evolução. Hoje, definimos evolução como vir-a-ser. Transmutação da matéria (γ) em espírito (α). Evolução não é um processo que vai do exterior para o interior, não é um crescimento por aglutinação ou inchaço: é uma explicitação do que se é em essência, uma atualização do conteúdo latente. Não existe uma evolução de fora para dentro. Logo, não há uma salvação externa. Não há alo-redenção. Só existe auto-redenção – como já escreveu o professor Huberto Rohden.

O Mestre já anunciou:

> Então, se alguém vos disser: eis que o Cristo está aqui, ou ali, não lhes deis crédito... Eis que ele está no deserto, não saiais; eis que ele está no interior da casa; não acrediteis." (Mt, 24,23.26)
> O reino de Deus não vem com aparência exterior... porque o reino de Deus está dentro de vós. (Lc, 17,20-21)

Segundo Pietro Ubaldi, o Apóstolo do Espírito, quando as escrituras falam do Cristo salvador, elas estão se referindo ao nosso potencial sistêmico, pré-queda, que se encontra latente no inconsciente. Inconsciente ainda para o nosso atual nível de consciência; porém, superconsciente num futuro longínquo, quando através dos esforços evolutivos atualizaremos o anjo em nós. Nesse amanhã, o ser consciente dirá, como Paulo: "Vivo, não mais eu, mas Cristo vive em mim" (Gl, 2,20).

2) A sabedoria que foi dada ao amado irmão Paulo está demonstrada nas 14 cartas que ele escreveu, e nelas encontramos muitos pontos em que a sabedoria crística brilha iluminando nossa consciência. Paulo saboreou as verdades espirituais. Nele sobravam inteligência, cultura e didática por excelência. No entanto, num dos seus versículos, a didática deu lugar ao mistério, pois, premido pelas carência de definições de sua época, o Apóstolo do Cristo Ressuscitado só pôde sintetizar o processo evolutivo dos níveis de consciência segundo a "sabedoria que lhe foi dada", com palavras enigmáticas que as letras fizeram questão de velar: "Tereis condições de compreender com todos os santos qual é o comprimento e a largura e a altura e a profundidade" (Ef, 3,18). Segredo!

Mas transcorreram os dois mil anos de história do cristianismo. Missionários desceram e subiram sobre os filhos dos homens, com a árdua tarefa de iluminar, de transmudar o homem em gênio, o gênio em super-homem espiritual. Sinais dos tempos!

E eis que Pietro Ubaldi, o Pedro Redivivo, 'desembarca' mais uma vez nas praias planetárias com a sublime e ousada missão de lançar as bases da construção da nova civilização do terceiro milênio. Ele é a maior antena psíquica do século 20. Em sua missão de iluminar, Ubaldi retoma a revelação enigmática do "amado irmão Paulo" e, com inteligência, cultura e didática por excelência, dá à luz o que parecia segredo eterno dos Evangelhos.

Pietro Ubaldi descreve os níveis de consciência em *Ascese mística* (o *Index* dos livros proibidos condenou esta obra em 1939) e suas respectivas potencializações, que permitem a chamada evolução das faixas de consciência:

> Por dilatação de consciência, devemos entender potencialização de todas as qualidades. Assim, em cada plano, se ajunta às precedentes uma qualidade nova. Eis que cada fase completa uma criação sua, segundo esta ordem:
> Consciência sensória = sensibilidade
> Consciência racional analítica = razão
> Consciência intuitivo-sintético = síntese (verdade)
> Consciência místico-unitária = amor (união com Deus)
>
> (*Ascese mística*, FUNDÁPU, 4.ª ed., p. 67)

Inicialmente, vamos examinar os três primeiros níveis. Para Ubaldi, a consciência sensória é a zona do instinto e sua representação geométrica é linear. Correlacionando com Paulo, temos o comprimento. É o subconsciente, com baixa voltagem, frequência e potencial. De ondas longas. É a faixa da assimilação por repetição. Sede do automatismo. Não pensa. Não diz "eu". Age por pura defesa e necessidade.

Com a maturação das experiências instintivas, por repetição à exaustão, a linha dobra-se sobre si mesma (v. teoria do levantamento de perpendiculares sucessivas, de Ubaldi) e surge uma nova dimensão, a superfície, que segundo Paulo, chama-se largura. É a faixa do consciente. Sede da razão. Zona das experiências práticas do dia-

-a-dia. É de média voltagem, frequência e potencial. De ondas médias. É cerebral.

A evolução da razão faz a superfície dobrar-se sobre si mesma e surge outra dimensão. É a altura na visão de Paulo. O superconsciente, sede da visão volumétrico-sintética. Zona da intuição. É de alta voltagem, frequência e potencial. De ondas curtas. Lugar da compreensão da verdade por *insight*.

A quarta faixa de consciência surge através da maturação das precedentes. Paulo a chama de profundidade. O próprio Apóstolo dos Gentios esclarece em seguida que "o amor de Cristo excede a todo o conhecimento" (Ef, 3,19), ou melhor, o amor é um nível de consciência superior aos precedentes instintos, razão e intuição. É para Ubaldi a zona místico-unitária da união com Deus.

É ainda Pietro Ubaldi que num vôo unitivo ilumina: na fase mística (profundidade/amor) encontramos, pois, as menores dimensões precedentes, isto é,

> (...) a sensibilidade (linha/comprimento/instinto), que desenvolve a razão (superfície/largura), a razão, que gera a intuição (volume/altura), que, por sintonia, transmuda-se em amor, conducente à unificação com o todo. E cada qualidade compreende em si a precedente, sobre a qual se construiu. (*Ascese*, p. 69)

Assim, quando as escrituras asseveram que Cristo é nossa salvação, querem dizer, como está demonstrado pela sabedoria que foi dada ao amado irmão Paulo e pela visão unitiva de Ubaldi, que Cristo (Amor) é o nível de consciência de maior profundidade, e que precisamos despertá-lo em nós, para a nossa salvação, ou melhor, para a nossa evolução.

Evolução é conscientização, corrobora o padre Teilhard Chardin. E esta conscientização inicialmente se manifesta como instinto, no subconsciente, com representação geométrica linear (comprimento). Mais tarde se desenvolve e desabrocha como razão, no consciente, com representação gráfica de superfície (largura). Com o decorrer da evolução desperta a intuição, nas alturas da visão sintética, representada pelo desenho de volume.

No tempo sem tempo, da maturidade do super-homem ubaldiano, o amor crístico, que excede todos os níveis de consciência e se encontra na profundidade de nós mesmos, brilhará, e a exemplo do Mestre Jesus, diremos em uníssono: "Naquele dia conhecereis que estou em meu Pai, e vós em mim, e eu em vós." (Jo, 14,20).

VI – Para Entender a Missão de Pietro Ubaldi

1870
Casam-se Sante Ubaldi e Lavínia Alleori. Ele, homem dinâmico, de família boa e honrada, filho de Illuminato Ubaldi e Rita Mancini Ubaldi. Ela, filha do casal Maria Benedetti e Giovanni Batista Alleori, única herdeira do título de condessa, da fortuna e das terras deixadas pelos pais. Do consórcio nascem seis filhos, sendo o penúltimo o nosso Pietro.

1886
AGOSTO, 18. Nasce Pietro Ubaldi em Foligno, Itália, às 20h30 de uma terça-feira, hora local. Quis o destino que o parto não fosse realizado no Palácio Alleori Ubaldi, residência da família, posto que estava em reformas; mas sim numa casa modesta, na rua Maurízio Quadro, número 6. Não se atribua essa mudança provisória de endereço a um mero acaso. Afinal, descia outra vez à Terra um grande missionário do Cristo, exatamente na Úmbria, região italiana de profunda espiritualidade, ainda hoje impregnada com a religiosidade de Francisco de Assis. Uma alma franciscana obteve a bênção de não encarnar – literalmente – em berço de ouro.

1891

Aos cinco anos, Pietro pede a sua mãe que o leve à escola, no que é prontamente atendido. Incompreendido, fechado em si mesmo, sente-se estranho no corpo terrestre. Sua vida exterior, segundo o seu próprio dizer, era "insignificante" e "comum", enquanto sua vida interior ocultava um trabalho "complexo"[9,] posto que "desde criança começara a explorar as possibilidades sensoriais e perceptivas do seu organismo físico, como um condutor que experimenta a máquina para a viagem e a observa como simples instrumento de ação, sempre distinto dela", acrescentando, ainda, que "a existência num corpo físico lhe parecia insuportável prisão"[10.]

O Liceu Clássico de Foligno fica cerca de cem metros do Palácio Ubaldi. É lá que o jovem Pietro estremece ao ouvir pela primeira vez a palavra *Evolução*[11.]

De origem católica, Ubaldi frequenta a catedral da cidade regularmente, durante toda a sua infância. Reside a cinco minutos da igreja e logo torna-se conhecido de seus dirigentes. Uma tarde, durante uma missa, tem uma visão mediúnica: "Uma luz amiga fluía do alto, não sabia como.[12"] Conta o fato ao padre e aos seus pais, mas um e outros negam-lhe crédito. Diante da insistência, proíbem-no de tocar no assunto. Ubaldi assimila a lição, tornando-se ainda mais reservado no relato de suas percepções.

1900

Completa o equivalente ao nosso primeiro grau. Seus pais, zelosos pela educação dos filhos, bem sabiam dos limites do tradicional Liceu de Foligno e por isto transferiu-se toda a família para Roma, a fim de poder oferecer melhor preparo aos filhos. Ubaldi recebe educação esmerada. Destaca-se nas aulas de piano, que aprende com

---
[9] *História de um homem*, pp.59-60.
[10] *Ibidem*, p. 75.
[11] *Ibidem*, p. 75.
[12] *Ibidem*, p. 64.

facilidade, incorporando rapidamente ao seu repertório autores como Beethoven, Bach, Wagner e Schubert, entre outros (acaba formando-se como professor de música). Também gosta de idiomas. Uma professora de literatura italiana diz-lhe que um dia será escritor. Embora o carinho que lhe devotam, nem sempre seus pais o compreendem como seria de se desejar. O próprio Ubaldi relata-nos, em *História de um homem*, as inquietudes de sua adolescência:

> A juventude representou um período de lenta e tranquila preparação. As provas, devendo ser graves, esperaram que ele se formasse; devendo ser íntimas e complexas exigiam, com necessárias premissas, uma profunda maturação. (...) Ninguém de fora suspeitava que germe se elaborava naquela juventude, aparentemente tranquila e insignificante[13.]

1905

Terminado o curso secundário, abraça o direito como opção de carreira, seguindo sugestão paterna e a melhor tradição da época para os filhos de famílias ilustres. Matriculam-no, então, na Universidade de Roma, considerada a melhor da Itália. Houvesse alguém lhe dado a possibilidade de escolha e teria selecionado medicina. Como seus irmãos mais velhos já tinham concluído os estudos, seus pais retornam para a Úmbria, deixando-o em Roma, na residência de um tio. Aproveita o regime de relativa liberdade para aprofundar-se nos estudos de música e idiomas e para viajar. Agora fala com fluência o inglês, o francês e o alemão. A lembrança de suas vidas passadas cresce dia a dia. Uma visita ao Palácio de Versalhes, nos arredores de Paris, numa de suas férias, traz-lhe a certeza de ter também ali vivido e falhado gravemente nos seus compromissos com a vida.

1910

Conclui o curso universitário. Sua tese de doutoramento tem como tema *A emigração transatlântica, especial-*

---
[13] *Ibidem*, p. 72.

mente para o Brasil, em que analisa os impactos e possibilidades econômicas advindas do fluxo migratório europeu para o continente sul-americano:

> Pode dizer-se, portanto, que, salvo algumas exceções, pela estatística, como a da Alemanha para o Brasil e de Portugal para o Uruguai, a emigração dos Estados europeus esteja em contínuo aumento, e que, este aumento, entre todos, está em primeiro lugar a Itália, que, como dissemos, representa o contingente máximo da emigração para as terras sul-americanas.
>
> Ora, em verdade, isto não é para nós fonte direta de riqueza, porque não temos lá embaixo monopólio comercial nem investimentos de capital. Mas o elemento italiano vem se afirmando aqui e lá no Brasil e na Republica Argentina, existindo estados de florescentes municípios italianos, nos quais a agricultura e o comércio prosperam e se expandem. As condições atuais naqueles países em que tudo está em germe e por florescer, faz prever um futuro ainda mais florido[14.]

1911

Os jornais dão destaque à tese e a Editora Ermano Loescher & Cia publica-a num volume de 266 páginas. Seu nome corre pelo país. A professora de literatura acertara em sua profecia. Ubaldi torna-se, enfim, um escritor. Como prêmio por sua formatura, seus pais lhe oferecem uma viagem aos Estados Unidos. Passa lá seis meses, visitando cidades do Atlântico ao Pacífico, entre as quais Los Angeles, San Francisco, Seattle e Nova York. Retorna abarrotado de fotos e anotações.

1912

AGOSTO. De Nova York, segue diretamente para sua cidade natal, Foligno. Como sempre, seus pais já têm planos para a vida do jovem doutor. No inverno de 1912,

---
[14] *A emigração transatlântica, especialmente para o Brasil*, "Introdução". Tradução de Ferdinando Ruzzante Neto, a quem especialmente agradecemos.

chamam-no para uma conversa especial. Um homem na sua posição precisa casar-se. Seu pai está disposto a ajudá--lo a encontrar uma jovem rica que possa ser desposada por ele. Receberá vultoso dote. Ubaldi sabe ser impossível resistir à vontade paterna. A escolhida é Maria Antonieta Solfanelli, de Matélica (província de Mache). Maria reside num convento, órfã e rica. A cerimônia ocorre em Roma, a 5 de agosto de 1912. As fortunas das duas famílias são equivalentes. O jovem casal recebe, como dote, um patrimônio que inclui doze fazendas. Em meio a tantas mudanças em sua vida, Ubaldi tem acesso e lê, neste mesmo ano, *O livro dos espíritos* e *O livro dos médiuns*, de Allan Kardec, identificando-se totalmente com os conceitos apresentados. "Eu era espírita e não sabia", pensa consigo[15].

1913

Os filhos chegam logo. Primeiro, Francesco (1913); depois Vicenzina (1917), que morrerá aos dois anos de idade; e finalmente Agnese (1919). Os problemas surgem aos poucos, associados sempre à sobrecarga de preocupações e tempo necessários para a correta administração do bens recebidos. Ubaldi conhecia de perto a riqueza, dessa e de outras existências pregressas. Porém, suas prioridades e interesses agora são outros. Sintonizado como nunca com os princípios crísticos, sua alma anseia por paz e liberdade. Suas ideias fervilham com conceitos sempre novos. Sua sensibilidade psíquica aflora um pouco mais a cada dia. Ama espíritos nobres e desinteressados, mas a riqueza só lhe traz verdadeiros abutres ao seu redor, prontos a tirar com as garras da astúcia os restos que aquelas mãos generosas teriam prazer em compartilhar frente a uma necessidade real.

O desconforto de Ubaldi com a condição de gestor chega a tal ponto que a família se decide pela contratação de um administrador – o senhor Filli, que assume, aos poucos, o 'controle' dos negócios e bens. Os anos

[15] José Amaral, *Grandes mensagens*, p. 189.

passam e, contudo, a mudança de gestão não resolve o problema. O excesso de 'independência' e a ausência de rigor no trato da coisa alheia pelo senhor Filli termina por levá-los a uma situação ainda pior.

1914-1918
Com o advento da Primeira Grande Guerra, Ubaldi é convocado para o serviço militar. Segue para Bolonha, trabalhando como motorista de caminhão, conduzindo gêneros alimentícios e soldados mutilados.

1915
Na França, Léon Denis publica *O grande enigma*. Nessa obra, ele profetiza a vinda dos "grandes gênios" e de "grandes sínteses"[16,] dando sequência ao trabalho dos precursores do espiritismo no século 19[17:] "É mister preparar as grandes sínteses, as concepções de conjunto.(...) Para aplicar métodos novos são precisos homens novos. (...) O século 19 e o começo do século 20 viram aparecer os precursores. Os gênios não tardarão em vir."[18] Gigantesca antevisão de Denis, o Apóstolo de Tours, anunciando com precisão as tarefas dos missionários do século 20, entre as quais a mediunidade abençoada de Chico Xavier e a monumental obra de Pietro Ubaldi, a antena psíquica que captou *A grande síntese*.

1927
Na Itália, falece o senhor Sante Ubaldi, pai de Pietro. O nosso Ubaldi conta então 41 anos, bem vividos, embora os últimos tempos tenham sido difíceis. Os parentes simplesmente não entendem, nem aceitam, o seu afastamento da gestão do patrimônio da família.

---
[16] *O grande enigma*, FEB, 6.ª ed. p. 229.
[17] Allan Kardec e "uma plêiade de auxiliares de sua obra" –- cf. *Brasil, coração do mundo, pátria do Evangelho*, de Humberto de Campos, psicografia de F. C. Xavier, FEB, 13.ª ed., p. 176.
[18] *O grande enigma*, FEB, 6.ª ed., p. 229.

A situação se agrava ainda mais com o inventário dos bens paternos. A preparação espiritual para a sua missão está chegando ao auge. Seu espírito já vive totalmente impregnado das vibrações do Cristo e dos ideais franciscanos. Sente que um novo trabalho terá início em breve. Textos e textos se avolumam, sobre a escrivaninha, como que num ensaio de grande orquestra. O primeiro esforço de afastamento dos bens materiais e do sem-número de tarefas relacionadas à sua administração ele já o fizera, à custa de muito sacrifício e incompreensão dos entes mais queridos. Seria um contra-senso, agora, no conhecimento das disposições testamentárias de seu pai, receber mais recursos, mais obrigações, voltando a uma situação que já havia superado.

Não podia desperdiçar, portanto, a oportunidade de desvencilhar-se de vez dos compromissos que a riqueza lhe trazia como uma espécie de peso contrário aos seus vôos espirituais. Ao mesmo tempo, não queria prejudicar sua família...

Renuncia, então, aos seus direitos de herança e patrimônio, transferindo-os para a família – esposa e filhos. O choque é tremendo. Os parentes reagem, indignados. A sociedade o condena. "O julgamento da opinião pública, no seu ambiente, se consolidava e se divulgava. Ao seu redor, em lugar da antiga auréola de estima e atenção, expandia-se agora um odor de apodrecimento.[19]"

É sintomático que Ubaldi tenha redigido, exatamente neste período, o artigo denominado "Os ideais franciscanos diante da psicologia moderna", publicado na revista *Constancia*, de Buenos Aires, em 1927, e, posteriormente, em *Fragmentos de pensamento e de paixão*. Destacamos algumas palavras desse artigo:

> A humanidade tem fome de ideais e está presa pela preocupação econômica e mecânica. (...) A riqueza e a vertiginosa atividade dos nossos tempos dissimulam uma

---
[19] *História de um homem*, p. 118.

dolorosa miséria interior, uma espécie de impotência espiritual para a elevação moral. Afogam-se todos num imenso pântano de materialismo, onde jazem mortas as grandes alegrias da alma[20.]

O trabalho de maturação e preparo espiritual, para a produção de sua obra, que lhe consumira anos e anos, dava agora os seus primeiros frutos.

> (...) durante alguns anos escrevi várias páginas de apontamentos, mas eram caóticos, discordantes, e foram julgados uma tempestade que nunca desaba. Além disso foram escritos sempre à noite, motivados mais por um impulso interior invencível do que por minha vontade, num estado de consciência todo especial. Eram meus primeiros exercícios, o impulso submeteu-me a uma escola de preparação e treinamento.[21]

Nesse mesmo período, no Brasil, Francisco Cândido Xavier inicia, em Pedro Leopoldo, Minas Gerais, o seu desenvolvimento mediúnico[22.] Na França, Léon Denis, o último dos precursores, falece em abril.

1928

A revista *Ultra*, de Roma, de maio a dezembro publica o artigo "Evolução espiritual", também publicado na revista argentina *Constancia*, em 1932. Esse artigo foi incluso por Ubaldi na coletânea *Fragmentos*:

> Para o homem, o estudo anatômico dos órgãos poderá revelar-nos seu passado, mas não sua verdadeira natureza e o segredo de seu futuro. Sua natureza e seu futuro são um psiquismo cada vez em maior desenvolvimento e que tende a libertar-se cada vez mais de todo o suporte orgânico.[23]

---

[20] *Fragmentos de pensamento e de paixão*, p. 291.
[21] *Comentários*, p. 19.
[22] *Parnaso de além-túmulo*, p. 24.
[23] *Fragmentos de pensamento e de paixão*, p. 56.

1931

O voto de pobreza tira-lhe das costas toda a série de compromissos e obrigações associados à administração da parte que lhe cabia na herança paterna, mas não traz a Ubaldi, nem à sua família, o sossego tão esperado. As 'patrulhas ideológicas' da época não lhe perdoam o ato, causando a todos sucessivos e penosos constrangimentos. De outro lado, as ideias, visões e inspirações se acentuam. Sente-se então como um vulcão, prestes a explodir. O ambiente, porém, excessivamente tumultuado, não ajuda. Eis, então, que uma aparente 'coincidência' traz-lhe uma solução imprevista para o caso: um concurso fora aberto para o preenchimento de uma vaga de professor de inglês do Liceu do Ginásio Tomaso Compailla, em Módica, Sicília, extremo sul da Itália. Quem sabe seria aquela a oportunidade que faltava para poupar a todos tantos desgostos e constrangimentos? Sua família estava relativamente bem, financeiramente. Francesco já contava 18 anos; Agnese, 12. Poderia assisti-los com visitas periódicas. Por outro lado, longe ele poderia viver mais plenamente o seu trabalho junto ao Cristo, concentrando-se nas tarefas a serem feitas e vivendo plenamente o voto de pobreza abraçado. Decidido, candidata-se, obtendo o primeiro lugar. No início de setembro, a decisão pela grande mudança está tomada. A vida lhe sorri, confirmando o acerto da opção feita.

Na manhã seguinte à grande decisão, numa caminhada nos arredores da Tenuta Santo Antônio (Chácara Santo Antônio), em Colle Umberto, "uma capacidade perceptiva, diferente da normal" o adverte da presença de dois seres espirituais ao seu redor. Pouco a pouco, observa "com clareza inequívoca que à sua esquerda estava a figura de Francisco de Assis e, à sua direita, Cristo. Eles se deslocavam com ele, caminhando, mas não havia colóquio, nem transmissão de pensamentos particulares.[24]" Parecia mais um gesto de solidariedade e apoio. A única testemunha foi o cachorrinho.

---
[24] José Amaral, *Pietro Ubaldi e o terceiro milênio*, pp. 99-100.

SETEMBRO. Muda-se para Módica, apresentando-se para o trabalho a 23 de setembro. Aluga um pequeno quarto, em frente à igreja de São Pedro, onde viverá os próximos anos. Sozinho, vivendo apenas de seu trabalho, está, enfim, pronto para o início de sua missão espiritual. Passa em Módica os três últimos meses do ano, adaptando-se à nova etapa de vida.

> Durante o verão (de 1931), minha família transferiu-se para o campo, em Colle Umberto di Perugia, e eu, deixando Assis, a cidade de Francisco, que tanto amava, e afastando-me da família, de que tanto gostava e pela qual continuaria sempre a velar, caí, pobre e sozinho, no fundo da Sicília, em Módica, triste, destruído. [...] Só então meu espírito pôde revelar-se. E, debaixo de tremendo golpe, explodiu[25].

DEZEMBRO. Nas férias, retorna ao lar, abraçando a família reunida para a noite de Natal. Na madrugada de 25 de dezembro, tão importante para a sua vida, Ubaldi recebe a primeira das chamadas "grandes mensagens", a "mensagem de Natal", dando início à sua missão. Depois de anos e anos de dor e preparação íntima, ouve e sente, nas entranhas de sua alma, aquela Voz que lhe traz todas as consolações para seu coração ferido:

> No silêncio da Noite Santa, ouve-me. Deixa toda a sabedoria, as recordações, a ti mesmo, esquece tudo, abandona-te à minha voz, inerte, vazio, no nada, no silêncio mais completo do espaço e do tempo. Neste vazio ouve a minha voz que diz: levanta-te e fala: Sou Eu... Não temas, escreve[26].

Ubaldi deixou registradas as emoções daquele fim de ano e a sensação desse encontro espiritual, tão longamente esperado: "Aniquilado, eu tremia. Havia em mim uma força nova e eu tinha de segui-la. Finalmente, ex-

---
[25] *Comentários*, p. 21.
[26] *Grandes mensagens*, p. 20.

plodira minha mediunidade em sua plenitude, e desde aquele dia fiquei compromissado com Sua Voz.[27]

Ainda neste dezembro, a revista *Constancia* publica mais um artigo de Ubaldi – "Experiências espirituais", no qual ele relata as vivências mediúnicas que experimentara na preparação para sua missão e o aprendizado obtido nos sucessivos contatos íntimos com a Voz.

> Aos períodos de luz de uma alegria extraordinária, à sensação de força e expansão que me infundia essa nova faculdade sensorial de meu espírito, seguiam-se períodos de ofuscamento, de solidão desconsoladora e de abandono às minhas paupérrimas forças humanas, das quais sempre duvidei muito. Naquela ocasião, tudo parecia destruir-se, como se meu espírito não resistisse amplamente ou não pudesse, senão por momentos, manter-se naquele estado de sensibilidade especial.[28]

Afinal, de quem seria aquela Voz arrebatadora, capaz de mensagem tão sublime e cheia de encanto? Assim como a própria mensagem, essa questão correu mundo... Em junho de 1935, a revista *Ali del Pensiero*, de Milão, menciona expressamente essa questão: "Quem é a Sua Voz, essa anônima 'entidade' que transmite escritos tão elevados e poderosos? Fizeram-se muitas conjeturas, inúteis e absurdas a esse respeito (...)" A identificação com o próprio Cristo foi percebida em diversos momentos, por leitores diferentes e autorizados. Ernesto Bozzano, por exemplo, ao comentar a "Mensagem do perdão", não hesita em indicar, para o próprio Ubaldi, a fonte inspiradora: "Infere-se que deve tratar-se, nada menos que de Jesus Nazareno" [29.] Emmanuel, na famosa mensagem a respeito de *A grande síntese*, até hoje inserida como prefácio em todas as edições brasileiras desta obra, aponta nessa mesma direção em diversos trechos:

---
[27] *Comentários*, p. 21.
[28] *Fragmentos de pensamento e de paixão*, p. 161.
[29] *Pietro Ubaldi e o terceiro milênio*, p. 113.

> Quando todos os valores da civilização do Ocidente desfalecem numa decadência dolorosa, é justo que saudemos uma luz como esta, que se desprende da grande voz silenciosa de *A grande síntese*. [...]
> A palavra do Cristo projeta nesta hora as suas irradiações enérgicas e suaves [...].
> Aqui fala a Sua Voz divina e doce, austera e compassiva. No aparelhamento destas teses, que muitas vezes transcendem o idealismo contemporâneo, há o reflexo soberano da sua magnanimidade, da sua misericórdia e da sua sabedoria. Todos os departamentos da atividade humana são lembrados na sua exposição de inconcebível maravilha!
> É que, sendo de origem humana a razão, a intuição é de origem divina, preludiando todas as realizações da Humanidade. A grande lição desta obra é que o Senhor não despreza o vosso racionalismo científico, não obstante a roupagem enganadora do seu negativismo impenitente.
> Na sua misericordiosa sabedoria, Ele aproveita todos os vossos esforços, ainda os mais inferiores e misérrimos. Toma-vos de encontro ao seu coração augusto e compassivo, unge-vos com o Seu amor sem limites, renovando os Seus ensinamentos do Mar da Galileia. [...]
> Curvemo-nos diante da misericórdia do Mestre e agradeçamos de coração genuflexo a sua bondade. Acerquemo-nos deste altar da esperança e da sabedoria, onde a ciência e a fé se irmanam para Deus.[30]

Na sequência dessa mensagem, o incomparável Augusto dos Anjos, também através da mediunidade do querido Chico Xavier, presta igualmente a sua homenagem a *A grande síntese* e ao seu grande autor: "Nesta síntese orgânica da ciência,/ Fala Jesus em toda a substância...[31]"

Apesar de tantas e tão prestigiosas indicações, Ubaldi mostrava-se bastante cuidadoso no trato do assunto seguindo, aliás, recomendação expressa da Voz, logo na mensagem do Natal: "Ela mesma dizia-me naquela sua linguagem: 'não perguntes meu nome, não procures in-

---

[30] *A grande síntese*, pp. 16-18.
[31] *Ibidem*, p. 18.

dividualizar-me. Não o poderia, ninguém o poderia; não tentes hipóteses inúteis'.[32]"

Em *As noúres*, ele apresenta a "fonte emanadora" de seu trabalho como uma corrente de pensamentos afins (*noúre*), oriunda de um grupo de espíritos de elevadíssima nobreza: "tenho lido, repetidamente, na imprensa espírita que é mais séria e mais verdadeira essa impessoalidade do centro transmissor do que seu exato definir-se numa assinatura, embora esse nome seja dos grandes da História.[33]"

Ubaldi observa, sobre o assunto, exatamente o recomendado em *O livro dos médiuns*, de Allan Kardec, em cujo capítulo 24, sobre a identidade dos espíritos, encontramos o seguinte:

> À medida que os Espíritos se purificam e elevam na hierarquia, os caracteres distintivos de suas personalidades se apagam, de certo modo, na uniformidade da perfeição; nem por isso, entretanto, conservam eles menos suas individualidades. [...] A questão da identidade é, pois, como dissemos, quase indiferente, quando se trata de instruções gerais, uma vez que os melhores Espíritos podem substituir-se mutuamente, sem maiores consequências. Os Espíritos Superiores formam, por assim dizer, um todo coletivo, cujas individualidades nos são, com exceções raras, desconhecidas. Não é a pessoa deles o que nos interessa, mas o ensino que nos proporcionam.[34]

Ubaldi sente que as mensagens se originam de esferas muito elevadas e são transmitidas não por um só comunicante, mas por um grupo. Pelo que se pode perceber, analisando a obra, Jesus e Francisco de Assis fazem parte dessa *noúre*, juntamente com outros espíritos de escol, sentindo-se mais ou menos a presença de ambos de acordo com o tema e o momento. Seu papel, como médium, seria principalmente o de guardar a necessária sintonia,

---
[32] *Pietro Ubaldi e o terceiro milênio*, p. 106.
[33] *As noúres*, p. 65.
[34] *O livro dos médiuns*, p. 326.

obtida sempre com muito esforço e preparo espiritual, o que, pelo visto, soube fazer muito bem.

No Brasil, a Federação Espírita Brasileira publica a primeira obra mediúnica de Francisco Cândido Xavier, o *Parnaso de além-túmulo*. Léon Denis estava certo em sua profecia, comentada acima: os "grandes gênios" haviam chegado, e começavam simultaneamente, nos dois hemisférios, o prosseguimento do trabalho dos "precursores". No prefácio do *Parnaso*, uma frase amarga do próprio Chico, então um jovem de apenas 21 anos: "...a dor há muito já me convenceu da inutilidade das bagatelas que são ainda tão estimadas nesse mundo"[35.] A irmã dor já havia visitado os dois missionários – Ubaldi e Chico. Mal sabiam que, a partir de então, ela sempre os acompanharia.

1932

FEVEREIRO. A revista *Constancia* prossegue na divulgação do trabalho do médium italiano publicando um novo artigo – "Como ouvi Sua Voz" –, seguido da "Mensagem do Natal", em que Ubaldi descreve a intensidade do fenômeno que vivia: "Uma voz interior me fala, me dita, me ordena escrever. Sinto que me ditará muitas coisas que terei de escrever.[36]"

MARÇO. A senhora Luísa Carocci Govean, de Turim, amiga e amiúde correspondente de Ubaldi, apresenta-o à escritora Laura Lègrange Bussolin, diretora da revista *Alfa*, de Roma, na qual se inicia imediatamente a publicação da *Mensagem do Natal*.

A primeira das Grandes Mensagens é reproduzida na Inglaterra por *The International Psychic Gazett* e na Bélgica por *La Revue Espirite Belge*. Logo as chamadas Grandes Mensagens chegarão aos quatro cantos do globo, traduzidas e publicadas pela imprensa do mundo inteiro...

---

[35] *Parnaso de além-túmulo*, p.23.
[36] *Comentários*, p. 23.

PÁSCOA. Ubaldi recebe a segunda das Grandes Mensagens, denominada "Mensagem da Ressurreição": "De além do tempo e do espaço chega minha voz. É uma voz universal que fala ao mundo inteiro e permanece verdadeira através dos tempos.[37]" Seguindo os caminhos já abertos pela "Mensagem do Natal", esta segunda foi também reproduzida em diversos países, chegando inclusive a Saigon e à Indochina.

MAIO, 10. Ubaldi acorda bruscamente, em plena madrugada, e recebe duas mensagens – uma para Mussolini, outra para o papa, a respeito dos riscos de uma segunda grande guerra. Ubaldi recebe ainda outras mensagens, para os mesmos destinatários, e as envia todas, tomando ainda o cuidado de sempre certificar-se de seu recebimento.

> Trata-se de ajudar a nascer a nova humanidade, que nascerá da conturbação do mundo [...]. Evita com todas as tuas forças qualquer guerra. Não há razão humana que possa justificar hoje uma guerra que, com os meios modernos de destruição, poderá ser uma destruição tão grande que assinalará o fim da civilização europeia [...]. O momento histórico está maduro para grandes acontecimentos [...]. Soou a hora histórica, porque hoje fala a dor. É grave o momento histórico, porque a dor falará ainda tremendamente, como nunca.[38]

MAIO, 22. *Constancia* publica a "Mensagem da Ressurreição".

JUNHO, 01. As revistas *The International Psychic Gazett*, de Londres, e *Alfa* publicam a "Mensagem da Ressurreição".

Chega a Ubaldi o comentário acerca da "Mensagem do Natal" vindo do já então mundialmente famoso Ernesto Bozzano: "A Mensagem obtida com sua mediunidade provém indubitavelmente de origem transcendental, e mais ainda, de elevadíssima inspiração.[39]" Críticas

---
[37] *Grandes mensagens*, p. 25.
[38] *Comentários*, p. 33.
[39] *Ibidem*, p. 23.

empolgadas e admiradas com seu trabalho surgem dos quatro cantos do globo.

JUNHO, 12. A médium Marjorie I. Rowe, de Londres, envia-lhe mensagem recebida de um espírito denominado Imperator. "Nela me confirmava todo o trabalho que tinha de fazer, acrescentando, como prova, revelações de pormenores íntimos que só eu sabia.[40]"

JULHO, 16. A senhora Marjorie I. Rowe recebe mensagem do mesmo espírito e a faz chegar até Ubaldi: "Há uma grande luz em redor de ti [...]. Bendito sejas, meu filho, que ouves minhas palavras."[41]

O Reformador publica a "Mensagem do Natal", transcrita logo em seguida no *Correio da Manhã*, à época um dos principais jornais do Brasil.

AGOSTO. *La Revue Espirite Belge* publica a "Mensagem da Ressurreição". Chegam, vindas de Roma, mais mensagens mediúnicas dirigidas a Ubaldi, recebidas por Gisela Smiles:

> Pedro, tu és rico porque teu Pai Celestial é rico. (...) Lembra-te de que, para os que o amam, todas as coisas cooperam para o bem. Sê fiel, pois, à promessa que fizeste: seguir suas inspirações; e então, e somente, a vida será tão clara como o meio-dia... Porque és Pedro, a rocha de novo escolhida sobre a qual Cristo construirá Seus novos fundamentos...[42]

AGOSTO, 02. Ubaldi recebe a magnífica "Mensagem do Perdão", a mais arrebatadora de todas as Grandes Mensagens:

> Filho meu, minha voz não despreza tuas pequeninas coisas de cada dia, mas delas se eleva para as grandes coisas de todos os tempos. [...]
> Almas, almas, eu peço. Para conquistá-las vim das profundezas do infinito, onde não existe espaço nem tem-

---
[40] *Ibidem*, p. 29.
[41] *Ibidem*, p. 36-37.
[42] *Ibidem*, p. 35.

po, vim oferecer-vos meu abraço, vim de novo dizer-vos a palavra da ressurreição [...]
O mundo parece espargir rosas, mas na verdade distribui espinhos; eu vos ofereço espinhos, porém vos ajudarei a colher as rosas. [...]
Segui-me, o exemplo já vos dei. [...]
Repito-vos: "Amai-vos uns aos outros."
Do Alto e de muito longe venho até vós. Não podeis perceber quão longo é o caminho que nós, puro pensamento, devemos percorrer a fim de superar a imensa distância espiritual que nos separa de vós, imersos na terra lodosa. [...] E, no entanto, minha palavra tem a doçura da eternidade e do infinito. Tem tonalidade tão ampla como jamais possuiu a voz humana: deveríeis, por isso, reconhecer-me.
Pobres seres perdidos na escuridão das paixões; pobres seres que tomais por luz verdadeira o ouropel fascinador das coisas falsas na Terra! [...] E, no entanto, sois meus filhos e por amor de vós de novo subiria à cruz para vos salvar. [...] Escutai-me. Falo-vos com amor, imenso amor. Fui por vós insultado e crucificado, e vos perdoei; perdôo-vos ainda e ainda vos amo. Trago-vos a paz. [...] Reconhecei a minha paz! [...] Não renoveis as torturas do Getsêmani, as angústias da incompreensão humana, os tormentos de um imenso amor repelido. [...]
Que a religião, que é revelação minha, e ciência, que é vosso esforço e todas as vossas intuições pessoais se unam estreitamente numa Grande Síntese, e seja esta uma síntese de verdade.
Porque eu sou o Caminho, a Verdade e a Vida.[43]

A Voz do Cristo, aí mais nítida do que em qualquer outro trabalho recebido, nos 24 volumes de sua obra, causa espanto e redobrada admiração em toda parte.

SETEMBRO. Começa a surgir, na mente de Ubaldi, *A grande síntese*. Pequenos lampejos se sucedem, ideias tomam corpo e se organizam. Ubaldi relata-nos esses momentos de próprio punho:

> Em mim nasce um impulso gigantesco: retomar a ideia base das Mensagens e desenvolvê-la em profundidade. Essa

---
[43] *Grandes mensagens*, p. 33.

ideia me domina, me entusiasma e lanço-me ao trabalho sem plano algum, sem refletir; ai de mim se tivesse refletido e compreendido o que devia fazer: teria ficado esmagado. Sua Voz mandava e guiava. E eu estava calado. Minha natureza apaixonada pelo Cristo, por Seu Amor, por Sua Dor, por Sua Bondade, transforma-se em grande máquina de pensamento que abarca todo o saber humano, o supera, o contém. Sucede à linguagem do sentimento e às horas de emoção (Mensagem), a fria e cortante linguagem da ciência e a hora da profunda absorção da visão imensa do infinito. Muda o plano de ação. Falo agora ao outro mundo, científico, filosófico, religioso, intelectual. Preciso saber tudo, mas "Sua Voz" me orienta, e eu caminho seguro.[44]

SETEMBRO, 11. As revistas *Constancia* e *Alfa* publicam a "Mensagem do Perdão".

OUTUBRO, 16. *O Reformador* publica a "Mensagem da Ressurreição", logo seguido pelo *Correio da Manhã*.

OUTUBRO, 19. A médium Valbonesi transmite-lhe mensagem da parte do Espírito que se apresentava como "Mestre", dizendo: "Ouves ... e tu que escutas a ordem, vai e diz aos povos que Cristo ressuscitou. Serás o apóstolo simples, o que opera a caridade em nome do Cristo. [...] Assim diz aquele que envia tua voz ao mundo.[45]"

OUTONO. Surge uma vaga para professor de inglês na Escola Média Estadual Otaviano Nelli, em Gúbio. O anúncio circula nas escolas de todo o país. Tomando conhecimento, Ubaldi se candidata e é aprovado. Consegue, assim, voltar à sua Úmbria tão querida, a apenas 54 quilômetros de Assis.

Logo após o lançamento de uma nova revista – *Ali del Pensiero* ("Asas do Pensamento") – em Milão, Ubaldi conhece seu diretor, o senhor M. A. Bragadin. Os dois já haviam trocado correspondência anteriormente, mas só agora se conhecem pessoalmente. O médium da Úmbria fala-lhe, então, do projeto de *A grande síntese*. Bragadin se interessa pelo projeto, prometendo-lhe a publicação.

[44] *Comentários*, pp. 27-28.
[45] *Ibidem*, pp. 30 e 37.

NOVEMBRO, 03. A revista *Constancia* publica crítica de Ernesto Bozzano à "Mensagem do Perdão":

> Querido Ubaldi,
> Pede-me você um julgamento sobre a "Mensagem do Perdão". Ei-lo em poucas palavras: Estupendo! Contém passagens tão sublimes em sua cósmica grandiosidade, que infundem quase uma sensação de terror sagrado.
> Pergunta-me também se, pelo texto, será possível identificar a Entidade comunicante. Parece que dela transparece claramente quem é que se manifesta: "Deus, perdoa-os, não sabem o que fazem" [...]. "Por vós me deixaria crucificar outra vez" [...]. "Não queirais renovar-me as angústias do Getsêmani" [...]. Infere-se que deve tratar-se nada menos de Jesus Nazareno.[46]

NOVEMBRO, 20. A "Mensagem da Ressurreição" chega à Indochina, publicada por *La Revue Caodaiste*.

DEZEMBRO. *La Revue Espirite Belge* inicia a publicação da "Mensagem do Perdão".

DEZEMBRO, 26. Nova mensagem vinda de Gisela Smiles:

> Pedro,
> O Espírito de Cristo vive em ti e tu te tornaste completo porque ele afastará o mal do teu centro e de tua família. O Espírito daquele que multiplicou os pães e os peixes está contigo, dentro de ti e ao redor de ti, aumentando em ti a substância e provendo de todas as tuas necessidades. Estás agora unificado com Deus, com o bem existente em toda a criação, e sua vontade para ti é prosperidade e bom êxito.[47]

1933

JANEIRO. Começa a publicação de *A grande síntese* na revista *Ali de Pensiero*.

> Em outro lugar e de outra forma, falei especialmente ao coração, usando linguagem simples, adaptada aos

---
[46] *Ibidem*, pp. 23, 115-16.
[47] *Ibidem*, p. 35.

humildes e aos justos que sabem chorar e crer. Aqui falo à inteligência, à razão cética, à ciência sem fé, a fim de vencê-la, superando-a com suas próprias armas."[48]

Vale ressaltar que, no início, Ubaldi tinha em mente apenas um pequeno esboço da obra. O trabalho de redação foi dividido em quatro períodos, utilizando-se os dois meses de férias de cada verão europeu (julho-agosto de 1932, 33, 34 e 35) para a conclusão da obra. Ninguém sabia ao certo – nem ele! – se aquela ideia original se realizaria na amplitude e na consistência dos primeiros capítulos.

Apesar disso, em breve as traduções de seus textos multiplicavam-se pelos quatro cantos do globo. Ubaldi deixou registradas suas impressões acerca do inusitado processo de criação e do apoio obtido durante anos de trabalho e "suspense":

> Para mim, foi sempre um fato inexplicável humanamente, que o diretor da revista *Ali del Pensiero*, sempre tão severo e prudente para aceitar colaborações, tenha tido para mim, desconhecido, a mais absoluta confiança imediata, e tenha aceito um trabalho aparentemente utopístico, que não tinha escrito ainda, mas apenas imaginado, e tenha empenhado, com tão poucos elementos em mão, a si mesmo e sua revista, numa obra que poderia ter naufragado após poucas páginas.
>
> [...] quatro editores se empenhavam, de um hemisfério a outro, na publicação em larga escala, antes que eu escrevesse o texto, antes que eu mesmo pudesse imaginar exatamente o que haveria de escrever."[49]

Interessante, nesse ponto, é ver o comentário do senhor Marc'Antonio Bragadin, editor de *Ali del Pensiero*, sobre esse mesmo episódio:

> [...] naquela época, a proposta (da publicação de *A grande síntese*, feita primeiro por carta) representou, para

---
[48] *A grande síntese*, p. 31.
[49] *Comentários*, p. 28.

mim, uma grave preocupação. O programa era, sem dúvida, atraente, mas quem o representava era uma pessoa desconhecida, de longe, com quem eu trocara apenas algumas cartas. Da obra só estavam escritas, por enquanto, algumas páginas de introdução, nem o manuscrito estaria pronto tão cedo, porque Ubaldi, sendo professor de língua inglesa..., não tinha nem tempo nem possibilidade de pôr-se nas condições especiais de ambiente e de espírito, requeridas por sua mediunidade especial, a não ser no período de férias do verão. E mesmo que o início fosse de fato promissor, teria Ubaldi a força e a capacidade, perduraria sua faculdade inspirativa, para levar a cabo um programa que se anunciava tão grandioso? [...] E, no entanto, aceitei...

[...] Não é com indiferença que hoje recordo todas as ânsias e preocupações, as dificuldades de toda espécie, as incertezas [...] As "cem páginas" previstas inicialmente, tornaram-se, ao caminhar, quatrocentas. O manuscrito, que deveria estar todo pronto no verão de 1933, ocupou, ao invés, três verões inteiros [...] Durante esses anos, além disso, o próprio Ubaldi atravessou violentas crises espirituais, ligadas com o desenvolvimento intrínseco de sua sensibilidade pessoal, mística e inspirativa, que descontrolaram seu sistema psicológico com profundos desencorajamentos e desorientações. E mais, o estafante trabalho psíquico e físico, efeito e condição, ao mesmo tempo, daquele estado de ânimo necessário para a "audição" inspirativa – provocaram, várias vezes, nele, o terror de não poder mais resistir, com as consequentes e agudíssimas crises nervosas e o esgotamento físico, até o ponto de despertar sérios cuidados."[50]

Foram ao todo cem capítulos, mais uma significativa conclusão, todos escritos à noite, até altas horas da madrugada, abordando cada etapa da evolução universal – "do urânio ao gênio traçaremos uma linha que deverá ser contínua[51]" – diria a Voz, como a lembrar, gentil, as palavras do codificador do espiritismo, Allan Kardec – "É assim que tudo se encadeia, tudo serve, em a natureza, do átomo ao arcanjo, que começou um dia por ser átomo.[52]"

---
[50] *Ibidem*, p. 31.
[51] *A grande síntese*, p.67.
[52] *O livro dos espíritos*, perg. 540.

PÁSCOA. Enquanto o mundo relembra o aniversário da 'morte' de Jesus, Ubaldi recebe mais duas mensagens, trazendo da Galileia distante aquela Voz inconfundível: a "Mensagem aos Cristãos" ("Oh, Cristãos do mundo inteiro, que tendes feito, em dezenove séculos de trabalho, pela realização, na Terra, do Reino dos Céus?[53]") e a "Mensagem aos homens de boa vontade" ("Minha religião mais profunda não tem forma terrena ... O meu altar é a dor, a minha oração é o amor, a minha religião é a união com Deus no pensamento e nos atos.)[54]

No Brasil, a "Mensagem do Perdão" circula em dois folhetos, publicados em Porto Alegre (RS) e Salto de Itu (SP), com distribuição gratuita.

MARÇO. A revista *Alfa*, de Roma, publica a "Mensagem aos homens de boa vontade" ainda no mesmo mês de sua recepção.

ABRIL. As revistas *Constancia* e *Ali del Pensiero* prosseguem na divulgação da penúltima das chamadas Grandes Mensagens.

MAIO. A *Revue Spirite Belgue* publica a "Mensagem aos homens de boa vontade".

1934

FEVEREIRO. O 'sucesso' das Mensagens e de *A grande síntese* deixam-no receoso de ver seu nome associado a algum tipo de movimento personalista ou pseudo-religioso. Ubaldi inicia, então, a publicação de uma série de artigos que têm como objetivo esclarecer sua posição de universalidade e imparcialidade em relação às correntes filosóficas e religiosas, dentre os quais destacam-se "Apresentação" e "Programa", duas referências permanentes para quem se propõe a entender o exato posicionamento da obra ubaldiana frente ao conhecimento moderno:

---

[53] *Grandes mensagens*, p. 46.
[54] *Ibidem*, p. 49.

Apresento-me como homem. A Entidade que me inspira mediunicamente e sobre mim exerce autoridade, no pensamento e na ação, deve ter um representante terreno [...].[55]
O movimento e quantos dele participam devem manter-se dentro do princípio fundamental do Evangelho: "Ama a teu próximo como a ti mesmo." [...] A condição para ser admitido neste movimento é um simples exame de consciência perante Deus. Coisa simples, profunda e imensa. [...] Experimentai seriamente e sentireis que é verdade.[56]

Ubaldi antecipa ainda, nestes textos, a profecia acerca do futuro espiritual do Brasil, mais tarde confirmada em *Brasil, coração do mundo, pátria do Evangelho*, do espírito Humberto de Campos, recebida por Francisco Cândido Xavier em 1938:

Brasil, terra prometida da nova revelação, terra escolhida para a primeira compreensão, terra abençoada por Deus para a primeira expansão de luz no mundo! [...] Almas distantes, que no Brasil tudo compreendestes, distantes pelo espaço, mas tão perto do coração, que o meu abraço vos chegue forte, profundo, imenso, como eu o sinto agora, nesta solidão montanhosa de Gúbio, no mais alto silêncio da noite, com minha alma nua diante de Cristo, cujo olhar me penetra, me envolve e me vence.[57]

Ainda neste mês, o senhor Bragadin comenta, em editorial de *Ali del Pensiero*, a espantosa e espontânea propagação da obra ubaldiana, em todo o mundo:

Enquanto as coisas fortemente queridas e tenazmente preparadas, muito raramente têm no mundo o êxito merecido, um médium desconhecido, não preparado, cético por muito tempo de sua mediunidade, sem meios nem apoio, sem nenhum objetivo de interesse, viu em pouco tempo suas Mensagens, numericamente redu-

---
[55] *Fragmentos de pensamento e de paixão*, p. 14.
[56] *Ibidem*, p. 20.
[57] *Ibidem*, p. 14.

zidas, darem volta ao mundo e difundir-se rapidamente, automaticamente, sem nenhuma intervenção sua.[58]

MARÇO. *O Reformador*, juntamente com *Correio da Manhã* e *Aurora*, publica a "Mensagem do Perdão".

ABRIL, 16. Finalmente, *O Reformador* conclui a publicação da série de mensagens trazendo a público a "Mensagem aos homens de boa vontade", mais tarde transcrita também no *Correio da Manhã* e em *Aurora*, e anuncia a publicação de *A grande síntese* em suas páginas:

> Divulgando-a por estas colunas, fazemo-lo animados unicamente do desejo de oferecer aos estudiosos [...] largo campo para as suas meditações e investigações espirituais [...]. Quer isto dizer que, como em todos os casos, não pretendemos [...] que ninguém tire, do fato de aqui inserirmos o que constitui *A grande síntese* [...] assentimento pleno a tudo quanto se contém na obra que proporcionamos a nossos irmãos ensejo de conhecer, por se nos afigurar que, até ao ponto em que se acha publicada, ela corresponde às prementes necessidades morais do momento que a humanidade ora vive.

MAIO, 1º. Começa a publicação de *A grande síntese* em *O Reformador*, conforme anunciado:

> Encetamos, nesse número, conforme prometemos, a publicação da importante obra mediúnica que, sob o título de *A grande síntese*, está sendo recebida, na Itália, pelo médium Pietro Ubaldi [...]. Assim, por digna de atenção e estudo temos a vasta matéria explanada em *A grande síntese*, sobre cujo alvo diremos, sem que isso implique uma antecipação de juízo definitivo, consistir, ao que se nos afigura, em fazer compreensível como se há de operar a aliança da Ciência e da Religião.

JULHO. Em Salto de Itu (SP), o Centro Espírita Jesus publica opúsculo com o título *A hora da redenção humana chegou: Homens de boa vontade do Brasil e do mundo inteiro, mãos à obra!*, que fala das mensagens de Pietro Ubaldi.

---
[58] *Comentários*, p. 23.

1935

FEVEREIRO. Ubaldi recebe, do cientista Ernesto Bozzano, comentários encorajadores acerca de *A grande síntese*: "A onda supranormal inspiradora foi a que lhe ditou a mais extraordinária, concreta e grandiosa mensagem mediúnica, de ordem científica que se conhece na casuística metapsíquica."[59]

Nova mensagem, vinda também de Valbonesi: "Ouves [...]. Obra conscientemente, como homem que sabe muito, usa a sabedoria. A fonte inspirativa que possuis te diz tranqüilidade. (...) Serás o apóstolo simples, o que faz a caridade em nome de Cristo".[60]

ABRIL, 07. O senhor Mario Guzzoni, de Turim, envia a Ubaldi o seu mapa astrológico:

> Pietro Ubaldi, nascido a 18 de agosto de 1886, às 20h30, em Foligno, L.42o57'. Tipo zodiacal: Áries com influência de Leão. Tipo Planetário: Marte-Lua. Planetas dominantes: Saturno, Urano e Júpiter. Aura: vermelha brilhante.
> [...] O sol testemunha esplêndidas qualidades mediúnicas; mas estas se resolvem através de terríveis sofrimentos, com dores e penas verdadeiramente tentálicas. O nativo pode adjudicar-se uma colossal máquina psíquica, que entra em ação através da dor.[61]

AGOSTO, 23. A Voz conclui a transmissão de *A grande síntese*, às 23 horas.

> Deixo-vos. Minha última palavra a quem sofre. Esse é grande na Terra, porque regressa a Deus. Destruí a dor e destruireis a vós mesmos: "Felizes os que choram, porque serão consolados." Não temais a morte que vos liberta. Vós e vossas obras, tudo é indestrutível por toda a eternidade. Minha última palavra é de amor, de paz, de perdão, para todos.[62]

---
[59] *Ibidem*, p. 31.
[60] *Ibidem*, p. 37.
[61] *Ibidem*, p. 37.
[62] *A grande síntese*, p. 377.

Ubaldi nos conta um pouco do que se passou em seu íntimo ao final dessa jornada espiritual que durou praticamente três anos:

> Naquela noite de agosto se encerrava uma fase de minha vida... Distante, minha família vozeava, em torno da mesa de jantar. Minha filha me chamava, do terraço: "Papai, vem brincar!" Mais longe ainda, o imenso silêncio do campo adormecido. O mundo não via e não compreendia. Eu estava só. [...] A flor, fecundada por uma vida de sofrimentos, havia nascido: eu não vivera, portanto, e não sofrera tanto, em vão. Minha vida, tão difícil, havia dado um fruto que a valorizava, minha paixão incompreendida pudera explodir-se na criação de uma obra de bem. Ao meu coração, que havia suplicado simpatia e compreensão e a que o mundo não quisera responder, respondeu uma Voz do infinito.[63]

OUTUBRO, 18. Nova carta de Bozzano sobre A grande síntese:

> Eu soubera com que admirável constância e a custa de quanto sacrifício e dispersão de energias físico-psíquicas, conseguira sua nobre finalidade. Não se lamente, pois realizou obra meritória, cujo valor científico, filosófico, metapsíquico aumentará com o passar do tempo. Mas A grande síntese é tão densa de pensamento, de ciência e de sabedoria, que não é possível pronunciar a respeito um julgamento sumário, enquanto não for publicada em volume.[64]

Ainda nesse mês, recebe outra mensagem de Valbonesi, de Milão: "Não perguntes: o que farei? Já te disse: abandonas-te em Cristo."[65]

Concluído o trabalho, aproveita parte das férias para estar com sua mãe, então com 84 anos de idade, com a saúde bastante comprometida. A 28 de outubro, uma correspondência lhe avisa que ela falecera. Tenta obter

---
[63] As Noúres, pp. 42-43.
[64] Comentários, pp. 30-31.
[65] Ibidem, p. 37.

um dia de folga na escola, para acompanhar as exéquias da mãe, mas o diretor da instituição não lho permite. "Mais uma dor para aquela alma sensível."[66]

1936

JANEIRO, 01. *O Reformador* traduz e transcreve nota publicada em *Ali del Pensiero* noticiando o término da publicação de *A grande síntese*:

> *A grande síntese*, poderosa e fundamental obra obtida com o concurso da mediunidade psicográfica de Pietro Ubaldi, chega a seu termo. Durante o estio, Ubaldi, com supremo e exaustivo esforço, concluiu o fatigantíssimo recebimento do extraordinário trabalho, cuja inteireza se acha assim assegurada à expectativa quase ansiosa da grande maioria de nossos leitores e dos de todas as várias revistas estrangeiras que da nossa estão traduzindo *A grande síntese*.
>
> Antecipamos o momento em que, talvez, tornaremos conhecidos os inenarráveis sofrimentos físicos e morais, as crises espirituais que a Ubaldi custaram o início, o prosseguimento e a terminação do recebimento de tão pujante obra, para lhe apresentar aqui, publicamente, um "obrigado", em nome de todos quantos hão entendido o significado de *A grande síntese*.

Prosseguindo nos comentários sobre a incomparável *Síntese*, *O Reformador* cita e reproduz, também nessa edição, a carta de Bozzano com a crítica da obra, recebida por Ubaldi em outubro do ano anterior (vide acima).

JANEIRO, 16. *O Reformador* publica o sumário da segunda metade de *A grande síntese*.

ABRIL, 01. Nova carta de Bozzano a Ubaldi transcrita nas páginas de *O Reformador* (a de fevereiro de 1935, vide acima) trazendo, como sempre, palavras de confiança e estímulo: "A onda de inspiração supranormal lhe ditou a mais extraordinária, concreta e grandiosa mensagem mediúnica, de ordem científica, que se conhece em metapsíquica."

[66] Pietro Ubaldi e o terceiro milênio, p. 125.

VERÃO. Ubaldi redige *As Noúres*, explicando em detalhes toda a técnica de recepção de *A grande síntese*. A primeira edição dessa obra foi impressa por U. Hoepli, em 1937, após ela ter sido premiada num concurso de monografias organizado pelo professor Gino Trespioli para a sua Coleção de Biosofia. Nessa obra, um gigantesco tratado acerca da mediunidade, Ubaldi aproveita diversas contribuições da Codificação Kardeciana, citando e comentando *O livro dos médiuns* em diversas passagens. A antiga admiração de Ubaldi por esta obra da Codificação fica então mais evidente do que nunca. Na página 76, por exemplo, encontramos: "Ouçamos o que, sobre o assunto, diz Allan Kardec, no seu *O livro dos médiuns* (Cap. XV, item 180, "Médiuns Inspirados")." Depois, na página 77: "Leio mais adiante, no mesmo volume, uma comunicação de um Espírito ("Comunicação de Erasto", cap. XIX, item 225), que diz ..." Nas páginas 204-05, mais citações e comentários: "'Para comunicar-se, o espírito desencarnado se identifica com o espírito do médium e esta identificação não se verifica senão quando existe entre eles simpatia, pode dizer-se mesmo, afinidade', diz Allan Kardec em seu *O livro dos médiuns*."

OUTUBRO, 16. *O Reformador* publica, como editorial, uma das mais belas páginas da obra ubaldiana – a chamada "Prece do viandante", capítulo 67 de *A grande síntese*: "Alma cansada, abatida à margem da estrada, pára um instante na eterna trajetória da vida, larga o fardo de tuas expiações e repousa..."[67] Na nota explicativa, destaca-se a admiração da Casa de Ismael pela excelsitude da palavra da Voz: "Desce de lá das planícies celestes, de onde descem as do Consolador Prometido, a voz que vibra nesta página, prenhe de incomparável doçura e de inexcedível bondade. Justo era, pois, a puséssemos em toda a possível evidência, para que melhor escutada seja."

1937

JANEIRO, 16. *O Reformador* publica nova carta de Ernesto Bozzano, datada a 12/11/1936, desta vez com um comentário geral sobre *A grande síntese*: "As páginas em que se analisam o amor e a ascensão do amor são estupendas, pelas verdades que contêm e pela

---

[67] A grande síntese, p. 230.

novidade da concepção. O mesmo se pode dizer acerca das que se referem ao super-homem do futuro e à missão do gênio na vida."

FEVEREIRO. Novamente *O Reformador* transcreve trecho de *Ali del Pensiero*, trazendo interessante artigo firmado com as iniciais G. B. com detalhes então inéditos sobre a vida de Ubaldi e sua obra:

> Tal o nosso médium. Eu vo-lo poderia mostrar numa fotografia, como fazem muitos escritores; mas, nesse caso, pareceria vulgar. Mostrei-vos, ao invés, uma parte do que há nele de mais grande: seu espírito, sua alma, uma alma imensa, uma alma pura, cheia de amor e de dedicação, cheia a transbordar de paixão de fazer o bem aos seus semelhantes.

MARÇO, 01. *O Reformador* publica, como editorial, mais um capítulo de *A grande síntese* – desta vez, "O homem":

> Por vezes, no inferno terrestre cai uma estrela do céu, só para chorar e amar; chora e ama durante uma vida inteira, cantando na dor própria e alheia, um canto divino inebriado de amor. A dor vergasta e a alma canta. Aquele canto tem estranha magia: amansa a fera humana, faz florescer as rosas entre os espinhos e os lírios na lama; a fera retrai suas garras; a dor, o seu assalto; o destino, seu aperto; o homem, sua ofensa. A magia da bondade e a harmonia do amor vencem a todos; dilata-se e com ele canta e ressoa toda a criação. Naquele canto amargurado há tanta fé, tanta esperança, que a dor transforma-se em paixão de bem e de ascensão. Aquele canto humilde e bom chega de muito longe, cheio das coisas de Deus; é novo perfume em que vibra o infinito; é secreto ciciar de paixão que fala à alma e revela, pelas vias do coração, mais que qualquer ciência, o mistério do ser; é uma carícia em que a dor repousa. Tudo se encarniça na Terra contra o mais simples e inerme que fala de Deus, para fazê-lo calar. Mas a palavra doce ressurge sempre, expande-se, triunfa. Porque é lei que a Boa Nova do Cristo se realize, o mal seja vencido e venha o Reino de Deus. A dor golpeará sem piedade, mas a alma humana emergirá de suas provas e a vida iniciará novo ciclo, pois, o momento está maduro e é lei que a besta transforme-se em anjo, da desordem surja nova harmonia e o hino da vida seja cantado mais alto.

MARÇO, 5. Prossegue a série de mensagens recebidas pela médium Valbonesi, de Milão. Desta vez, um impressionante diálogo entre Ubaldi e o espírito comunicante:

> Ubaldi – És tu a Sua Voz?
> Resposta – Eu Sou Aquele que Sou, amigo, e tu o sentes...
> Ubaldi – Quem sou eu?
> Resposta – Quem és? Donde vens? Qual é a tua passagem mais intensa? Eu te disse uma vez: Leão,[68] mas és alguma coisa mais dentro de ti mesmo. É preciso retroceder no chamado tempo, e então te recordarás de ter-me visto, de ter-me ouvido, de ter-me amado.[69]

ABRIL, 16. Novamente *O Reformador* faz de um capítulo de *A grande síntese* a sua matéria principal. Desta vez, "As sendas da evolução humana":

> Nesse regime de equilíbrio que governa o universo, mesmo no campo das forças morais, forma-se constantemente a soma dos impulsos e contra-impulsos, do dar e do haver. Por isso, a dor existe como fato substancial e insuprimível na ordem universal, pois tem exatamente a função necessária de estabilizador de equilíbrios, que são constantemente reconstituídos, logo que violados pela liberdade do ser. Daí o conceito de redenção por meio da dor. Por isso vos disse que ela é sempre um um bem, enquanto retifica a trajetória dos destinos. Mal transitório, necessário em vista da necessidade da liberdade individual (base da responsabilidade e do merecimento). Sutiliza sempre o dar, acumula o crédito e transforma-se num meio de bem. Conceito evidente, já que o princípio de equilíbrio é universal e infalivelmente invade também o campo ético.[70]

---

[68] Frei Leão, "Cordeirinho de Deus", discípulo mais íntimo de Francisco de Assis.
[69] Comentários, pp. 38-39
[70] A grande síntese, p. 272.

ABRIL, 25. Outra mensagem, também de Valbonesi: "Não é hora de repouso; trabalha para o Eterno, e a mercê descerá do céu."[71]

MAIO, 01. Aproveitando as comemorações do Dia do Trabalho, a FEB publica na primeira página de *O Reformador* mais um capítulo de *A grande síntese*: "A lei do trabalho":

> Pois que ocorreu a coincidência, não de certo fortuita, porque o acaso, como sabemos, não existe, de termos de publicar, precisamente nesta data, isto é, no dia entre nós consagrado à comemoração do trabalho, o capítulo que o alto Espírito autor de *A grande síntese* consagrou ao estudo sintético da sapientíssima lei divina do trabalho, bem era déssemos a essa parte de tão importante quão profunda obra o maior destaque, no presente número desta revista [...] Aqui, portanto, a têm os nossos prezados leitores:
> "O trabalho não é uma necessidade econômica, mas uma necessidade moral. Ao conceito de trabalho econômico tem que substituir-se o de trabalho função-social. Direi mais: função biológica construtora. Tem a função de criar novos órgãos exteriores (a máquina), expressão do psiquismo; a função de fixar, com a repetição constante, os automatismos (sempre escola construtora de aptidões); a tarefa de coordenar o indivíduo no funcionamento orgânico da sociedade. Ao conceito limitadíssimo, egoísta e socialmente danoso, de trabalho-lucro, é preciso substituir o conceito de trabalho-dever e de trabalho-missão."[72]

OUTUBRO, 12. Em nova carta a Ubaldi, o cientista Ernesto Bozzano expressa toda a sua admiração por *A grande síntese*:

> Trata-se, realmente, de uma grande síntese de todo o saber humano, considerado do ponto de vista positivamente transcendental, em que se estudam todos os ramos do saber, sendo esclarecidos e resolvidos numerosos problemas até hoje insolúveis, com o acréscimo de novas

---
[71] Comentários, p. 39.
[72] A grande síntese, p. 277.

orientações científicas, além de considerações filosóficas, científicas, religiosas, morais e sociais, a tal ponto elevadas que induzem a reverente assombro."[73]

NOVEMBRO, 11. O capítulo 91 de *A grande síntese*, "A lei social do Evangelho", sai na primeira página de *O Reformador*: "Esta a meta da evolução coletiva, o reino do super-homem, a ética universal, em que a humanidade encontra a coordenação de suas energias: o Evangelho, que colocamos no ápice da evolução das leis da vida."[74]

1938
A FEB publica *Brasil, coração do mundo, pátria do Evangelho*, em que consta uma *profecia bastante interessante* que pode perfeitamente ser relacionada à vinda de Ubaldi para o Brasil, a qual só ocorreria 17 anos mais tarde: "novos inspirados da Úmbria virão fundar os refúgios amenos da paz cristã".[75]

JULHO. *O Reformador* conclui a publicação de *A grande síntese* levando a público o seu capítulo final, "A despedida". A redação da revista (à época sob a direção do inesquecível Guillon Ribeiro, auxiliado por Antônio Wantuil de Freitas, mais tarde também presidente da FEB) comenta o fato, classificando *A grande síntese*, "por sua transcendência e excepcional valor", como "a mais notável e importante das obras mediúnicas de cunho genuína e altamente científico, recebidas e divulgadas nestes últimos tempos".

OUTUBRO. Em Pedro Leopoldo, Minas Gerais, o médium Francisco Cândido Xavier recebe mensagem de Emmanuel sobre *A grande síntese*, que passa a ser inserida como prefácio em todas as edições brasileiras da obra a partir dessa data, acompanhada sempre por um sublime poema de Augusto dos Anjos:

---

[73] Comentários, p. 117.
[74] A grande síntese, p. 329.
[75] Brasil, coração do mundo, pátria do Evangelho, p. 229.

A grande síntese é o Evangelho da Ciência, renovando todas as capacidades da religião e da filosofia, reunindo-as à revelação espiritual e restaurando o messianismo do Cristo, todos os institutos da evolução terrestre.

Curvemo-nos diante da misericórdia do Mestre e agradeçamos de coração genuflexo a sua bondade. Acerquemo-nos deste altar da esperança e da sabedoria, onde a ciência e a fé se irmanam para Deus.

E, enquanto o mundo velho se prepara para as grandes provações coletivas, meditemos no campo infinito das revelações da Providência Divina, colocando acima de todas as preocupações transitórias, as glórias sublimes e imperecíveis do Espírito imortal.[76]

SUA VOZ

Nesta síntese orgânica da ciência,
Fala Jesus em toda a substância,
Desde a mais abscôndita reentrância
Das Leis maravilhosas da existência.
Sua Voz é a divina concordância
Com o Evangelho, em luz, verdade e essência,
Neste instante de amarga decadência
Da civilização de angústia e ânsia.

Alma humana, que dormes na albumina,
Desperta às claridades da doutrina
Deste Evangelho regenerador!...

Fala-te O Mestre, do seu trono de astros.
Ouve-lhe a Voz!... Caminha!... Vem de rastros
E escuta a Grande Síntese do Amor!
                                  Augusto dos Anjos

1939

Hoepli também publica *Ascese mística*, um aprofundado estudo acerca da mente humana, sua estrutura, evolução e potencialidades. Um dos destaques é o conceito de superconsciente, no capítulo XX, que amplia os limites da psicologia freudiana e todas as correntes dela

---
[76] Comentários, pp. 158-59.

derivadas, até então atreladas aos domínios do consciente e do subconsciente: "O subconsciente contém e resume todo o passado e o leva até o limiar da consciência; o superconsciente contém, no estado de embrião, todo o futuro que está em expectativa de desenvolvimento."[77]

Mais tarde, em 1947, a obra *No mundo maior*, de André Luiz, recebida pelo querido Chico Xavier, viria a reforçar esse conceito do superconsciente, exatamente no seu capítulo "A casa mental", em que o instrutor Calderaro comenta com André a estrutura do cérebro:

> Tomemo-lo como se fora um castelo de três andares: no primeiro situamos a "residência de nossos impulsos automáticos", simbolizando o sumário vivo dos serviços realizados; no segundo localizamos o "domínio das conquistas atuais", onde se erguem e se consolidam as qualidades nobres que estamos edificando; no terceiro, temos a "casa das noções superiores", indicando as eminências que nos cumpre atingir. Num deles moram o hábito e o automatismo; no outro residem o esforço e a vontade; e no último demoram o ideal e a meta superior a ser alcançada. Distribuímos, desse modo, nos três andares, o subconsciente, o consciente e o superconsciente. Como vemos, possuímos, em nós mesmos, o passado, o presente e o futuro.[78]

JULHO. *O Reformador* publica artigo assinado por Antônio Túlio comentando a excelsitude moral de Pietro Ubaldi e Chico Xavier: "Temos informações seguras, sabemos ao certo que Francisco Cândido Xavier e Pietro Ubaldi são homens de grande elevação moral, de honestidade perfeita, mesmo muito acima do comum dos homens."

NOVEMBRO, 8. A Suprema Congregação Sagrada do Santo Ofício publica, no número 268 do jornal *L'Osservatore Romano* a condenação de *A grande síntese* e *Ascese mística*:

---

[77] Ascese mística, pp. 134-35.
[78] No mundo maior, p. 47.

> Na reunião geral da Suprema Congregação Sagrada do Santo Ofício, os Eminentíssimos e Reverendíssimos Senhores Cardeais encarregados de zelar pelas coisas da fé e dos costumes, tendo ouvido o voto dos Reverendos Senhores Consultores, condenaram e mandaram inserir no *Index* dos livros proibidos dois livros escritos por PIETRO UBALDI, cujos títulos são:
> *Ascese mística*
> *A grande síntese*
>
> E, no dia seguinte, quinta-feira, 9 do mesmo mês e ano, o Santíssimo Senhor Nosso Pio II, Papa pela Divina Providência, na habitual audiência concedida ao Excelentíssimo Senhor Assessor do Santo Ofício, aprovou, confirmou e mandou publicar a resolução dos Eminentíssimos Padres.[79]

NOVEMBRO. *O Reformador* noticia a condenação das obras de Ubaldi por parte da Igreja, prometendo a análise do fato em edição posterior:

> Em telegrama de 14 do corrente, da cidade do Vaticano, noticiaram os jornais cariocas que a Suprema Congregação do Santo Ofício (o ofício é mesmo santo) resolveu pôr no *Index*, ou inserir na lista dos livros proibidos, as duas obras *A grande síntese* e *Ascese mística*, de Pietro Ubaldi, que tratam de questões teológicas.
> [...] Registrando o fato, sem comentários, que ficarão para depois, queremos apenas prevenir, do perigo a que se acham expostos, se lançarem inadvertidamente os olhos sobre as mencionadas obras, aqueles de nossos irmãos, cujos Espíritos, com a Igreja, em pleno século vinte, se conservam dentro da Idade Média.

1940
FEVEREIRO. Conforme anunciado, *O Reformador* publica amplo artigo comentando a condenação das obras de Ubaldi pela Congregação do Santo Ofício:

---
[79] Comentários, p. 223.

A inclusão de *A grande síntese* e de *Ascese mística*, de Pietro Ubaldi, no *Index* a ninguém surpreendeu, salvo talvez ao próprio Ubaldi que, num inoportuno prefácio da segunda edição da primeira dessas obras, teve a ingenuidade de manifestar a ilusória esperança de que a Igreja, uma vez ao menos, compreendesse e calasse.

Ainda na mesma edição da prestigiada revista da FEB, registra-se, com júbilo, o lançamento do boletim *Síntese*, da União da Juventude Espírita de Minas Gerais, destinado a registrar as conclusões das sessões de estudo sobre *A grande síntese*.

Presidiu ao ato o nosso dinâmico e operoso companheiro Eugenio Carlos Monteiro. Depois de expor os fins a que se destinavam aquelas sessões, quais os de divulgar os profundos e oportuníssimos ensinamentos de *A grande síntese*, frisou, com muita clareza e erudição, a perfeita concordância do conteúdo dessa obra com os postulados da codificação kardeciana.

MARÇO. *O Reformador* transcreve, da revista italiana *Gerarquia*, artigo de Fermi comentando a obra de Ubaldi, em especial *Ascese mística*, situando-a no contexto da história da filosofia universal: "Demonstrar a excepcional utilidade de publicações como esta, a pessoas inteligentes e cultas, não extraviadas dentro da noite dos sentidos, é mais que supérfluo, ingênuo."

Ainda na mesma edição, *O Reformador* inicia a publicação de profundo artigo de Theófilo Siqueira – "Ligeiros comentários" – sobre a condenação das obras ubaldianas pelo Congregação do Santo Oficio, prosseguindo no seu esforço de defesa e esclarecimento da opinião pública quanto ao valor do trabalho do Apóstolo da Úmbria.

ABRIL. Seguindo a mesma linha de defesa, *O Reformador* traz a transcrição de mais um artigo – desta vez da revista italiana *La Veritá*, assinado por G. B.:

É sabido e reconhecido que a produção intelectual de Ubaldi não só não enquadra – e de modo absoluto – a possibilidade de entendimento por parte de uma massa cinzenta de leitores, mesmo que ela gostasse mais de fábulas do que de verdades, como também não é adequada às mentalidades medíocres e às alminhas superficiais, mesmo que pudesse achá-la atraente.

Prossegue nessa mesma edição a publicação do trabalho de Theófilo Siqueira – o artigo denominado "Ligeiros comentários" – trazendo a perspectiva brasileira sobre a condenação da obra ubaldiana: "*A grande síntese*, livro que colocamos paralelo ao Evangelho e que o amplia na parte científica..." Outro destaque da edição é a publicação de "Meditações", soneto de S. Thiago Filho acerca de *A grande síntese*:

Cético, os braços cruza, indiferente e incerto,
O homem! Olha em torno o movimento e a ida
E mergulha a razão pelo infinito aberto,
Onde marcham os sóis na curva definida.

Dinâmica serena! Uma força, por certo,
Origina e comanda a lei nunca vencida,
Sonha! Quer crer. Mas, oh! volta à algidez, desperto.
Tarda, tarda-lhe muito a prova apetecida.

Existiria Deus, se o Poder gigante
Conseguisse apagar o sol por um instante,
No ápice da luz do círculo descrito.

Oh! mesquinhez humana, infantil e despótica,
Mais do que perturbada em violação caótica
Sente-se a Lei de Deus na ordem do Infinito![80]

MAIO. Ubaldi define em opúsculo – *Comentários da imprensa às obras de Pietro Ubaldi* – a sua posição frente à condenação da Igreja a seu trabalho:

Não surgia em mim o dilema: obedecer ou rebelar-me. Mas surgia o problema de conseguir fazer chegar à

---
[80] O Reformador, abril de 1940, p. 93.

grande Autoridade a minha pobre voz, para fazer compreender o grande mal-entendido. E me impus esse novo esforço, mas na imprensa impus-me silêncio. [...] Uma primeira Declaração de Obediência partia de Gúbio para Roma, no Natal de 1939. Foram motivos dela: 1º – A minha fé é sincera e meu objetivo é o bem das almas [...] 2º – Julgo dever de todo homem reto o respeito à autoridade em todos os casos. A quem obedecer, à Igreja ou a Deus? [...]. 3º – Sinto-me cristão, isto é, seguidor de Cristo a todo custo [...]. Por estes três motivos, eu dizia: "humilho minha pessoa aos pés da Igreja". [...]

Com isto, abaixava o meu orgulho, o que era a necessidade mais urgente. Aliás, de minha pessoa sou dono, e ninguém poderá dizer-me que não posso dispor dela. Mas isso não bastou e pareceu necessária, embora oferecida como simples retoque da precedente, uma nova e explícita declaração de "reprovação e retratação" dos "erros" contidos nos dois livros citados. E ao mesmo tempo pediam-me retirar do mercado todas as edições, mesmo as estrangeiras, de que perdi todo o controle. [...]

A quem obedecer, à Igreja ou a Deus? [...] Não retratar-me já é uma atitude de rebelião e é mentir, atribuindo-me intenções que não tenho. Retratar-me é trair uma verdade afirmada sem reservas. [...] Nessa conjuntura, informo a Roma sobre meu caso de consciência e, como se nada houvera dito e nada houvesse de verdadeiro em meu palpitante caso, respondem-me com o mesmo pedido de retratação, formulado de outra maneira.

[...] O mal-entendido aqui está no duelo entre a forma e a substância, entre a letra e o espírito. [...] No fim de cada ciclo evolutivo, a letra tende a substituir-se ao espírito, e sobrevém a ameaça do Farisaísmo. [...] Nesse período, a letra se substitui e quer julgar o espírito. [...] Eu respeito a autoridade, porque me submeti, mas a autoridade respeita a consciência? [...] Eu não posso dispor do que não é meu, do que está fora do meu poder de disponibilidade, do que está acima de qualquer ato meu de aceitação ou retratação, coisa sobre a qual minha vontade nada manda. Cada retratação é substancialmente nula, para mim, quando estou convencido de estar com a verdade. Uma convicção sincera, formada na presença de Deus, é inviolável, porque não pode obedecer nem sequer à vontade do próprio indivíduo, sendo humanamente impossível impor-se uma convicção diferente da que espontaneamente se tem. E eu não sei mentir. [...] Eis minha atual posição diante de Deus, da Igreja e do mundo.

[...] A publicação desse último artigo, já composto para a impressão na revista *Le Verità*, de março de 1940, foi proibida, como foi proibido, em toda a imprensa, que eu, ou qualquer pessoa, escrevesse sobre este assunto.
Esta foi a resposta e o esclarecimento que consegui.
Diante de tais atitudes, não me resta hoje, em consciência, senão o silêncio.[81]

JUNHO. *O Reformador* prossegue a publicação do artigo de Theófilo Siqueira – "Ligeiros comentários" –, concluindo-a na edição de agosto: "*A grande síntese... livro esse que deveria denominar-se Quinto Evangelho.*"

1941
NATAL. Ubaldi conclui mais um volume: *História de um homem*. Produzido em 40 dias, numa espécie de explosão espiritual, marco importante de novo ciclo da obra ubaldiana, este livro se configura como uma autobiografia espiritual. Dada a sua natureza espiritual, no entanto, foge da dimensão tempo, antecipando, por exemplo, detalhes de sua morte e sepultamento, que só viriam a acontecer 30 anos mais tarde.

O seu corpo foi sepultado com simplicidade e pobreza. Se poucos se haviam preocupado com ele durante a vida, ninguém se preocupou com ele na morte. O silêncio que ele tanto amara estendia-se sobre a sua campa. Nada se via do lado de fora: para o mundo, nada existira. [...] Um manto de infinita paz se distendeu sobre os pobres restos de uma vida tão trabalhosa.[82]

Nesse trabalho também encontramos importantes subsídios para melhor compreender a bagagem espiritual de Ubaldi e a importância de sua missão, especialmente quando fala de suas lembranças de vidas passadas:

[81] Comentários, pp. 241-50.
[82] História de um homem, p. 312.

[...] onde sua alma vibrava com violência era na recordação da Palestina ao tempo de Cristo. Era esta, para ele, uma visão de extrema doçura e profundidade espiritual. Aparecia-lhe a terra bendita da Galiléia, como uma música, como um vasto fundo orquestral de conceitos, sobre o qual triunfava o Cristo, como um arpejo de harmonias cósmicas. Sorria-lhe entre doces ondulações o lago de Tiberíades, profundo e tranqüilo como o sorriso de um anjo".[83]

Ele sabia. Estivera lá. Como já vimos, mensagens diversas já o haviam apontado como a reencarnação de Pedro, o apóstolo, mas a certeza maior era de dentro, do fundo do coração, como um raio de luz que vinha das profundezas da memória, iluminando toda a sua alma. Aquela luz trazia calor, consolo e paz. Uma brisa trazendo refrigério para o seu espírito cansado.

"Pedro, tu me amas?" – ouvia ainda, depois de tantos séculos. Cada dia, agora, era uma resposta apaixonada a essa questão, uma necessidade inexplicável e incontrolável de repetir sempre mais – sim, sim e sim – não com palavras, mas com atos e muito, muito trabalho...

1942
Morre Francesco – Franco, para a família –, filho de Ubaldi, na Batalha de Tobruk, norte da África, durante a Segunda Guerra Mundial. Francesco desenhava bem e chegou a produzir uma ilustração (Cristo carregando a cruz) inserida em *Ascese mística*.[84] Deixou dor e saudade no coração paterno.

1943
PÁSCOA. Dez anos depois da última mensagem, Ubaldi recebe agora a "Mensagem da paz", acerca do monte do Santo Sepulcro (Arezzo), diante de Verna (a colina onde Francisco de Assis recebeu os estigmas da paixão de Cristo),

[83] História de um homem, p. 87.
[84] P. 216.

em meio à Segunda Guerra Mundial: "Ai de vós se não houverdes aprendido a dura lição e não mudardes de roteiro. Se, em vez de subirdes pelos caminhos do espírito, voltardes a palmilhar as velhas estradas, haveis de recair sob as mesmas dolorosas conseqüências, cada vez mais graves."[85]

Durante a Guerra, Ubaldi produz avidamente. Além desta mensagem, nesse período nascem *História de um homem* (Natal de 1941), *Fragmentos de pensamento e de paixão* (coletânea de artigos escritos desde 1927) e *A nova civilização e o terceiro milênio* (concluído na Páscoa de 1945), com a visão antecipada de um novo ciclo civilizatório apoiado no surgimento de uma humanidade biológica, moral e espiritualmente mais madura:

> Observemos mais de perto esse fenômeno da transformação biológica evolutiva. [...] Através da evolução, a forma se sutiliza, se torna transparente, de modo que a divina essência das coisas possa tornar-se cada vez mais evidente. [...] Desse modo, evolução fica significando espiritualização e palmilha a estrada que sobe até Deus. De semelhante progresso nascerá o novo tipo biológico, base das humanidades futuras. [...] Assim, os sentidos, que o espírito produziu, cada vez mais por força dele se ampliam e se abrem às infinitas vibrações do universo; assim também pouco a pouco o ser se espiritualiza, isto é, evolui do estado físico ao estado vibratório, sai da forma material definida e assume forma etérea radiante. [...] O homem atual está para o do futuro assim como o pré-histórico pitecantropo está para o homem atual.[86]
>
> Vemos S. Francisco alcançar um estado espiritual que representa o mais alto potencial suportável na fase da evolução humana, seu limite supremo além do qual a forma material se extingue.[87]

1944

Escrevendo a Anísio Teixeira, o admirável Monteiro Lobato comenta *A grande síntese*, encantado com a profundidade e a sublimidade dos conceitos apresentados:

---

[85] As grandes mensagens, pp. 54-55.
[86] A nova civilização do terceiro milênio, pp. 177-84.
[87] Ibidem, p. 406.

São Paulo, 3/6/1944
Anísio,
Passou por aqui um engenheiro baiano, Nery, que muito me falou de você; e também um moço da livraria do Otales, que te levou meu abraço. Mas esta não é para nada disso – nem para comentar a entrada americana em Roma, o grande fato do dia de hoje. É para te comunicar algo muito mais importante.

Todos nós, Anísio, temos o vago sonho de encontrar um livro que nos seja como uma casa definitiva, a casa de sonho que procuramos. Um livro no qual moremos, ou passemos a morar como um rato dentro de um queijo. Um livro que seja a casa e a comida. E se como D. João saltava duma mulher para outra em busca da única, ou da certa, nós vivemos como gafanhotos, a pular de livro em livro, é que nunca aparece o nosso livro. Quando Sto. Agostinho dizia temer o homem de um só livro, ele se referia ao perigo que é o homem que encontra o seu livro.

Pois creio que encontrei o meu livro – o queijo para a casa e comida do rato velho que sou. E chama-se *A grande síntese*, de Pietro Ubaldi. [...] Temos de lê-lo de rabo a cabo – começando pelo fim. Estou a vagar no alto-mar desse livro e tonto, deslumbrado, maravilhado!

[...] E leia-o como estou fazendo: sem pressa nenhuma, com a simpatia aberta como uma flor; leia digerida e traduzidamente, isto é, retraduzindo mentalmente em palavras tuas, ou mais próprias, os períodos em que o tradutor obscurece com o seu excesso de bom português. Estou ainda pouco avançado na leitura tanto me deslumbro e paro pelo caminho; e tenho um medo imenso de que com você não se dê a mesma coisa. Mas há de dar-se. Impossível que você não veja o que esse livro é. E sabe que *A grande síntese* está cá em casa há quase dois anos, e só agora eu a descobri? Purezinha morou nela todo esse tempo, e foi essa persistência que me atraiu a atenção. Abria-a ao acaso e comecei a lê-la... e eis-me evangelizante! Eis-me a escrever ao Anísio para que a leia também. Por que ao Anísio e não a outro qualquer? Porque você é a Inteligência pura, Anísio, e tenho a certeza de que a tua opinião sobre o livro pode coincidir com a minha – e que glória para mim tê-la indicado?

Mas, se acaso seguires meu conselho e leres *A grande síntese*, não quero que me escrevas logo após a leitura – e sim um ano depois; isto é, depois que a leitura amadurecer, como os vinhos... [...]
Mil abraços do
Monteiro Lobato

JUNHO. Durante a guerra, Ubaldi e sua família são obrigados a se refugiarem longe de sua residência, na casa de um colono, por conta do acirramento dos combates na região umbro-toscana. Subitamente, esta casa é invadida por soldados. O massacre de todos é iminente. Ubaldi pede um instante para orar. Os soldados vão todos embora, sem ferir ninguém... Ubaldi constata, naquela situação crítica, o funcionamento da Lei Divina, protegendo o inocente em qualquer circunstância e lugar.

JULHO, 14. Diante de Ubaldi, a senhora M. Guidi, de Roma, recebe mensagem mediúnica de uma entidade não-identificada: "Pedro, tu também és pedra milenária da nova fé que arrastará os homens de amanhã. Escreve; receberás ainda mais profundamente, com harmonia infinita."[88]

SETEMBRO, 28. Ubaldi recebe nova mensagem mediúnica, desta vez enviada pelo senhor Salvato Carmicelli, do Rio de Janeiro: "Diga a Pietro Ubaldi que a sua missão é de transmitir ao mundo os prolegômenos da Nova Era..."[89]

1948

O fim da guerra marcou o início de uma nova fase para a família Ubaldi. O dinheiro acabou. Todas as antigas propriedades foram vendidas ou hipotecadas, até a Tenuta Santo Antônio. Agnese casa-se e tem duas filhas, Maria Adelaide e Maria Antonieta, mas separa-se em seguida. Com o aumento da família, crescem também as dificuldades financeiras. Agnese busca trabalho, Ubaldi contribui com o que pode.

Ubaldi conclui *Problemas do futuro*, voltando a aprofundar-se em algumas das questões mais críticas para a ciência moderna – o

---
[88] Comentários, p. 41.
[89] Ibidem, p. 42.

contínuo espaço-tempo, o espaço curvo e sua expansão, a evolução das dimensões e, finalmente, a relação entre a ciência e Deus:

> Evoluindo-se, segue-se para o universal, para o abstrato, para a unidade. O pensamento imaterial que rege e constitui a matéria torna-se a mesma coisa que o pensamento imaterial que constitui o espírito. No alto tudo se acorda e harmoniza. Então, tudo se unifica num mesmo plano onde trabalham juntos e concordes o cientista e o místico, o matemático, o musicista, o poeta, o santo, onde a ciência é arte, a matemática é filosofia, a pesquisa é prece, onde tudo se funde e é o mesmo impulso para o único centro, Deus.[90]

No Brasil, admiradores da obra ubaldiana fundam a Associação de Amigos de Pietro Ubaldi (AAPU), liderados por Clóvis Tavares, da Escola Jesus Cristo, em Campos (RJ). O objetivo da associação é a divulgação da obra do apóstolo da Úmbria.

1949

Em Gúbio, Ubaldi termina *Ascensões humanas*, em que comenta o mundo pós-guerra e a construção da nova civilização do espírito, prevendo, ainda, o fenômeno a que hoje chamamos de globalização:

> A humanidade está para tornar-se una. Assistimos a um esboroamento universal de barreiras. Transpõem-se todos os velhos limites. [...] Essa é a essência das tendências políticas modernas: a formação de unidades cada vez maiores. Essa será a conclusão de nosso período histórico.[91]

1950

No Brasil, a AAPU recebe adesão de diversos estados e torna-se a ABÁPU (Associação Brasileira de Amigos de Pietro Ubaldi). O objetivo do grupo, agora, é trazê-lo ao Brasil para uma série de conferências, em 1951. Tomando conhecimento da associação e reconhecido aos responsáveis por este movimento,

[90] Problemas do futuro, pp. 329-30.
[91] Ascensões humanas, p. 40.

Ubaldi envia-lhes a "Mensagem aos amigos brasileiros": "Da minha histórica Itália, da Europa esgotada por tantas guerras, envio-vos minha primeira saudação, queridos amigos brasileiros, porque em 1951 estarei convosco, de julho a outubro."[92]

1951

Esse será uma ano decisivo na vida de Ubaldi. Na Páscoa, conclui, durante uma crise de bronquite, o que será seu último volume da chamada obra italiana, ou seja, a primeira parte de sua obra, toda redigida na Itália e constituída de dez volumes. Síntese teológica, em *Deus e universo* Ubaldi atinge o ápice de seu pensamento, analisando de maneira absolutamente nova a origem do universo e a razão de sua existência. Coroam-se, dessa forma, os 20 primeiros anos de seu trabalho (1931-1951), preparando bases para a segunda etapa, a chamada obra brasileira, que lhe custará outros 20 longos anos, com a publicação de mais 14 volumes. No capítulo XVII, há uma abordagem especialíssima sobre o panteísmo, tema ainda tão controverso e tão mal compreendido nos diversos movimentos religiosos:

> Pode-se agora alcançar a definição de uma importante questão, qual seja: se Deus é pessoal ou impessoal. O aspecto transcendente leva à primeira concepção; o imanente à segunda. No primeiro Deus é o centro, um ponto, um "Eu sou", o Todo-Uno, possuindo todas as características da personalidade, as que encontramos no menor "eu" humano. No segundo, Deus é periferia, imerso na sua manifestação, pulverizada em infinitos "eu sou" menores [...]
> A esta altura, poder-se-ia, contudo, objetar: existem, então, dois Deuses? Respondemos: existirão, talvez, duas Terras, porque a nossa tem dois pólos? Existirão, porventura, dois seres em um homem porque é feito de alma e corpo? E se assim é o esquema do ser, não nos é dado mudá-lo. Devemos limitar-nos a comprovar que assim é.
> Caberia, contudo, ainda objetar: E que é o corpo para a

---

[92] *Pietro Ubaldi e o terceiro milênio*, p. 150.

alma, senão o seu veículo e meio de expressão? Impõe-se, ao certo, conferir então à palavra corpo um sentido tão mais amplo, que nem ao menos poderíamos concebê-lo. E esta foi exatamente uma das erradas conseqüências do imanentismo: perder de vista o Deus-uno e vê-lo definitivamente fragmentado no panteísmo, como se do "Eu sou" central não tivesse restado mais do que uma poeira de Divindade, pela qual ela estaria dispersa em infinitos "eu sou" menores, sem possibilidade de reconquista do Uno e de conexão com ele. Mas o leitor já viu quão longe estamos destas concepções.

Trata-se, pois, apenas de duas posições diversas da Divindade. No pólo da transcendência temos de Deus o aspecto unitário e estritamente pessoal. No pólo da imanência temos Dele o aspecto multíplice, um pan-psiquismo, uma presença dada por uma pulverização no particular, até o panteísmo, concepção que é a natural resultante da cisão no desmoronamento. Panteísmo de fato significa presença de Deus na multiplicidade, ou seja, na imanência. O erro está em ter-se querido contrapor, ao invés de conjungir, estas duas verdades complementares, feitas para completar-se reciprocamente, único modo de reconstruir completamente o conceito de Deus. Resultou daí uma unilateralidade de visão, fonte de polêmicas destituídas de outro sentido se não o de alcançar, através da luta entre opostos, a compreensão da relatividade de nossas concepções. É certo que Deus transcendente, situado acima de qualquer criação, representa a centralização máxima no "eu" pessoal. Mas também é certo que o desmoronamento do sistema, arrastando consigo Deus transcendente na imanência, necessária para manter e salvar o anti-sistema, explica e justifica o panteísmo. Este é verdadeiro, apenas no pólo imanência, ao passo que é erro quando admitido no pólo transcendência.[93]

A respeito dessa verdadeira obra-prima, que é *Deus e universo*, há uma opinião crítica igualmente preciosa, de um dos nomes mais respeitados da história do espiritismo no Brasil – nada mais, nada menos que Canuto de Abreu:

---

[93] *Deus e universo*, pp. 214-15.

> *Deus e universo* é obra acima da minha capacidade de compreensão. Cada homem tem seu limite de entendimento. E o meu limite é demasiado estreito para apreender em espírito e verdade as lições profundas desse trabalho transcendental. Li-o com emoção crescente. Li-o mais com o coração do que com os olhos. Reli-o, mesmo em parte, e continuarei a lê-lo na tradução. Mas (ai de mim!), como o transeunte pobre, que pára extasiado diante duma vitrina de joalheiro, não sabendo sequer avaliar o preço das preciosidades. Namora-as por fascinação; cobiça-as por ambição; pode até pensar em furtá-las, mas afasta-se, pesaroso, cm a mente cheia de fantasias, ciente de que não tem a moeda necessária para a sua aquisição. Sinto porém que todas as lições são da mais pura qualidade. E sei por intuição e pela história oculta que vieram uma a uma diretamente do Céu, trazidas ao mundo pela própria VOZ D'ELE, destinadas a enfeitar um dia o Templo Espiritual que o Cristo erguerá no Terceiro Milênio. Templo onde SUA VOZ será ouvida por muitos como hoje apenas é escutada por Pietro Ubaldi. E onde ao ouvi-LA muito crente há de ficar em dúvida se escuta a Voz do "EU SOU" – EGO Central do Universo – ou o "SOU EU" – EGO DO CRISTO. Pois um e outro serão talvez A MESMA PESSOA para a Humanidade Espiritualista e Remida do Porvir.[94]

Antes de vir para o Brasil, Ubaldi envia-nos uma segunda mensagem:

> Li nesses últimos dias, pela primeira vez, o belo livro Brasil, coração do mundo, pátria do Evangelho, que me impressionou pela sua perfeita aderência ao meu ideal e missão. Ele foi escrito em 1938 e concorda com tudo o que eu disse em "Apresentação" e "Programa", em fevereiro de 1934, isso é, há 17 anos. E eu, que nessa época nada conhecia do Brasil, como poderia sabê-lo?"
> Quem poderia dizer qual será a função do Brasil no futuro? É certo que a vida não pode esquecer os valores espirituais, que são os essenciais. E o Brasil se apresenta adaptabilíssimo a funcionar como coração do mundo, o

---
[94] Revista Santa Aliança do Terceiro Milênio, 1956.

órgão apropriado à bondade, à compreensão e à conservação da vida sobre a Terra."[95]

MAIO, 02. Aproximados por um amigo em comum, Ubaldi recebe, em Gúbio, correspondência de Albert Einstein, comentando *A grande síntese*:

> Caro Professor,
> O senhor Lauck foi muito gentil trazendo-me seu livro e sua carta. Estudei parte dele e admirei a força da linguagem e a vastidão dos assuntos ali tratados.[96]

JULHO, 02. Nova carta de Einstein: "Muito obrigado pelos dois livros que o senhor Lauck, gentilmente, me entregou. Tentei ler seu livro sobre filosofia da vida. Para meu velho cérebro, treinado no racionalismo, tudo isto me parece estranho, porém agradável."[97]

JULHO, 15. A FEB noticia, em *O Reformador* a vinda próxima de Ubaldi ao Brasil:

> Espiritualistas, cientistas e intelectuais brasileiros estão promovendo a vinda ao Brasil do ilustre cientista e filósofo italiano, Prof. Pietro Ubaldi, para o fim de aqui realizar conferências científico-filosóficas e debates sobre os princípios exarados em *A grande síntese*.
> O renomado escritor italiano, autor de 12 monumentais obras de ciência e filosofia, considerado por muitos como o mais extraordinário pensador espiritualista da atualidade [...] marcou a sua chegada ao Brasil em julho deste ano.

JULHO, 21. Finalmente Ubaldi chega ao Brasil. Recebido efusivamente no aeroporto do Galeão, Rio de Janeiro, por uma legião de admiradores, descansa no hotel Serrador e no dia seguinte vai para Campos. Permanece aí alguns dias, na companhia de Medeiros Corrêa Júnior, no Lar dos Meninos, anexo à Escola Jesus Cristo.

---

[95] *Pietro Ubaldi e o terceiro milênio*, pp. 150-51
[96] *Comentários*, p. 100.
[97] Ibidem, p. 100.

A profecia de Humberto de Campos em *Brasil, coração do mundo, pátria do Evangelho*, psicografado por Chico Xavier e publicado 17 anos antes, estava certa: novos profetas chegaram, enfim, da Úmbria distante.

Uma semana mais tarde, Pietro Ubaldi e seu intérprete, Clóvis Tavares, saem de Campos para um ciclo de conferências nas principais cidades brasileiras. Em cada uma delas, o roteiro prevê diversas palestras. Em São Paulo, no Círculo Esotérico da Comunhão de Pensamento, no Teatro Municipal, na Escola Paulista de Medicina, na Faculdade de Filosofia, no Instituto de Engenharia e na Federação Espírita do Estado de São Paulo. No interior daquele estado, Campinas, Santos, Piracicaba, Araraquara, Catanduva, Ribeirão Preto, Rio Preto, Franca, Bauru, Araçatuba, Pinhal, Pirapitingui, Sorocaba, Taubaté e Guaratinguetá. Mais tarde, o grupo – conferencista, tradutor, editor e amigos – segue ainda para capitais do Norte, Nordeste, Sudeste e Centro-oeste, e mais algumas cidades do interior do país.

Os temas eram também variados. Nas casas espíritas, ligados ao Evangelho do Cristo e à reencarnação; nos espaços públicos, assuntos como "As últimas orientações da ciência", "O atual momento histórico e a nova civilização do terceiro milênio", "O problema do destino e do imponderável", "O pensamento social do Cristo" e "A personalidade humana e o problema da hereditariedade" são abordados.

JULHO, 30. Na passagem pelo Rio, antes desse extenso roteiro (Ubaldi contava então 65 anos), o grupo visita a sede da Federação Espírita Brasileira, na avenida Passos. Recebido pelo seu então presidente, Antônio Wantuil de Freitas,[98] como velho amigo da casa, Ubaldi fica

---
[98] Em Os milagres de Jesus, de Minimus, pseudônimo de Antônio Wantuil de Freitas, temos a revelação de que ele era a reencarnação daquele soldado que, por ocasião da prisão de Jesus, teve sua orelha decepada por Pedro, munido de uma espada (Mt, 26,51-54; Mc, 14,47; Lc, 22,50-51; Jo, 18,10-11): "Eu sou, amado Mestre, aquele Malco forte, que fraco se tornara ao ver-te frente a frente" (FEB, 5ª ed., Prece I). Ora, como sabemos, Pietro Ubaldi era Pedro reencar-

impressionado com a dimensão do movimento espírita brasileiro, e registra suas impressões no livro de visitas da FEB:

> Estou comovido com o cortês acolhimento de que tenho sido alvo de todos nesta grande terra do Brasil que ora visito, mas especialmente o sou pela maneira toda especial e gentil pela qual fui recebido na Federação Espírita Brasileira. Vejo, constato, com meus próprios olhos, a grandeza dessa Organização e, segundo creio, igual não existe na Europa. A todos agradeço, de coração e com os braços abertos, e trago a minha saudação, fazendo ardente augúrio por um sempre maior desenvolvimento da idéia da espiritualidade no Brasil, grande terra do futuro.[99]

Ainda na tarde desse dia, Ubaldi e sua comitiva foram recebidos pelo então presidente Getúlio Vargas, no palácio do Catete. Não possuímos o registro fotográfico desse encontro.

AGOSTO. O prezado José Amaral, hoje presidente da Fundação Pietro Ubaldi, acompanhou pessoalmente a chegada do Missionário da Úmbria ao Brasil, do que nos oferece saudoso relato:

> A Comissão Pró-Vinda de Pietro Ubaldi ao Brasil fizera realmente um trabalho gigantesco, organizando um programa nacional, e todas as portas lhe foram abertas, nas capitais e no interior. [...] Ele foi recebido pelas comitivas locais, por autoridades governamentais, embaixadores e cônsules. [...] Teatros, cinemas, clubes de serviço, agremiações espíritas, todos absolutamente lotados, na expectativa de conhecer o missionário do

---

nado. Logo, nessa visita de Ubaldi à FEB, Malco e Pedro estiveram frente a frente, dois mil anos depois, dessa vez nas personalidades de Wantuil de Freitas e Pietro Ubaldi. Segundo o relato dos que presenciaram o encontro, este foi bastante cordial, embora houvesse uma certa expectativa no ar.

[99] Pietro Ubaldi e o terceiro milênio, p. 160.

Cristo que trazia a bandeira da imparcialidade e universalidade.[100]

O Reformador noticia a visita de Ubaldi às instalações da Federação, no Rio de Janeiro:

> Em 30 do mês próximo passado, a Casa de Ismael sentiu-se honrada com a gentil visita feita pelo professor Pietro Ubaldi, que, a convite de amigos da Paulicéia, veio da Itália, sua terra natal, a fim de realizar várias conferências na capital bandeirante.
> O ilustre visitante, que muito nos cativou pelas suas maneiras simples, percorreu todos os nossos departamentos, tanto da avenida Passos, como da rua Figueira de Melo, onde funciona a nossa Editora.
> [...] A Casa de Ismael apresenta ao professor Pietro Ubaldi o seu profundo agradecimento pelas carinhosas expressões deixadas acerca de nossa organização espírita.

AGOSTO, 17. Na véspera de seu 65.º aniversário, entre uma palestra e outra, o Apóstolo da Úmbria conhece o nosso querido Chico Xavier, em Pedro Leopoldo. Qual ocorreu na presença de Francisco, no Alverne, a noite da pequenina cidade mineira deve ter virado dia, com a presença conjunta dos dois luminares. Duas mensagens são recebidas no encontro, uma por Chico e a outra por Ubaldi. Vejamos alguns trechos:

> Pedro,
> Estás sentindo aqui, nesta noite, minha presença. Aquele que está diante de ti e que, ao mesmo tempo que tu, está escrevendo, sente neste instante o meu pensamento e o que ele escreve to confirmará. Ele sente contigo a minha presença. Pedro, não temas. Estás cansado, eu sei, como também sei quanto te esforças por sentir-me neste ambiente tão novo para ti e distante de onde estás habituado a ouvir-me. Estás exausto, pelo muito falar e viajar. Estou contigo, porém, junto a ti "EU" sou a grande força que sempre te tem sustentado. Agora me estás sentindo com a mesma potência com que já me sentiste

---
[100] Ibidem, pp.160-61.

no momento da primeira Mensagem de Natal de 1931. E isso porque, agora, a uma distância de 20 anos, se repete o início do mesmo ciclo num plano mais elevado. [...] O Brasil é verdadeiramente a terra escolhida para berço dessa nova e grande idéia que redimirá o mundo. Agora tua missão é acompanhá-la com tua presença e desenvolvê-la com ação, de forma concreta. Todos os recursos te serão proporcionados. [...] Pede-te a Lei, agora, esta outra fase de trabalho... Aceita-a, como antes, no espírito de obediência, aceitaste a outra. [...] Tua própria razão não pode deixar de reconhecer a lógica fatal de tudo isso. Segue, pois, confiante, o caminho assinalado. [...] Pedro, confio-te essa nova terra, o Brasil, a terra que deves cultivar. Trabalho imenso, mas terás imensos auxílios. Estou contigo e as forças do mal não prevalecerão. [...] Una-vos a todos a minha bênção, no mesmo amor, para vossa salvação e salvação do mundo.

Sua Voz[101]

À frente de Ubaldi, e simultaneamente, Chico recebe uma mensagem de Francisco de Assis (segundo o médium, o espírito de maior envergadura, dentre todos os que trabalhou), dirigida ao visitante:

Pedro,
O Calvário do Mestre não se constituía tão-somente de secura e aspereza... Do monte pedregoso e triste jorravam fontes de água viva que dessedentaram a alma dos séculos. E as flores que desabrocharam no entendimento do ladrão e na angústia das mulheres de Jerusalém atravessaram o tempo, transformando-o em frutos abençoados de alegria no celeiro das nações. Colhe as rosas do caminho no espinheiro dos testemunhos... Entesoura as moedas invisíveis do amor no templo do coração!... Retempera o ânimo varonil, em contato com o rocio divino da gratidão e da bondade!... [...] É necessário ascender. Indispensável o roteiro da elevação, com o sacrifício pessoal por norma de todos os instantes. Lembra-te. Ele era sozinho! Sozinho anunciou e sozinho sofreu.
[...] Refaz as energias exauridas e volta ao lar de nossa comunhão e de nossos pensamentos. [...] Avança...

---
[101] Ibidem, pp. 168-70.

> Avancemos... [...] Segue, pois, o amargurado caminho da paixão pelo bem divino, confiando-te ao suor incessante pela vitória final. O Evangelho é o nosso Código Eterno. Jesus, o nosso Mestre Imperecível. [...] Agora é ainda a noite que se rasga em trovões e sombras, amedrontando, vergastando, torturando, destruindo... Todavia, Cristo reina e amanhã contemplaremos o celeste despertar.
>
> Francisco de Assis[102]

É importante registrar que esse encontro foi filmado e que algumas de suas cenas foram incluídas, há alguns anos, em um programa da tv Manchete sobre a vida do médium mineiro, para deleite dos milhões de admiradores de ambos. Temos cópia desse material em nossa videoteca.[103]

Após a recepção e leitura dos dois luminosos documentos, Chico, como de hábito, passa a descrever, em sua encantadora simplicidade, os acontecimentos por ele percebidos no ambiente psíquico que se formara durante os serviços espirituais da noite. Esse momento é assim descrito pelo professor J. A. Pessanha, um dos presentes:

> Após a leitura, o querido médium brasileiro relatou o que foram para ele os instantes extraordinários que acabara de viver. Não podia individualizar: era uma grande luz que descia do Alto sobre o recinto. Sentiu-se transportado em espírito para muito longe e, nesse vôo, contempla na Itália distante o túmulo de São Francisco, em Assis, junto ao qual vê o Prof. Ubaldi despedir-se, antes de sua viagem ao Brasil, do seu grande amigo: o "Poverello" de Assis. Este fato real — depois narrado pelo próprio Prof. Ubaldi em carta aos amigos brasileiros — era ainda desconhecido de F. C. Xavier e então, só do conhecimento do Prof. Clóvis Tavares, em virtude de sua

---

[102] Ibidem, pp. 170-73.
[103] A propósito, há também uma bonita mensagem de Emmanuel, chamada "No Roteiro Cristão", recebida pelo querido Chico nesse mesmo dia. Nós a reproduzimos ao final do texto, no Anexo, pág. 183.

correspondência particular com o Missionário da Úmbria.[104]

Chico também surpreende o visitante com a percepção de entes queridos seus, que também participavam daquele encontro:

Declara o sensitivo mineiro que dele se aproximou uma Entidade Espiritual, revelando chamar-se Lavínia e haver sido mãe do Prof. Ubaldi. Abraçou o filho, carinhosamente, dizendo:

"Para Cristo ele é um Apóstolo, mas para mim será sempre o meu *bambino*." E entre expressões afetuosas chamou-lhe: *Mio garofanino*.

O Prof. Ubaldi, muito feliz e muito comovido, sentindo, igualmente, a presença maternal, comprova tudo, declarando que era com esse *vezzeggiativo* que sua Mãezinha o apelidava ternamente, quando pequenino, *mio garofanino*: "meu pequeno cravo".

Chico assinalou ainda a presença do filho do professor, morto na Segunda Guerra mundial, na batalha de Tobruk, no Norte da África, — o jovem Franco Ubaldi.

Finalmente, um fato ainda mais interessante, se é possível assim dizer. Chico registra a presença de uma irmã do Prof. Pietro, já desencarnada, que veio em companhia de D. Lavínia Alleori Ubaldi e de Franco, seu filho. Afirma ela chamar-se Maria. E aí que sobrévem algo de duvidoso e inédito, mas que veio a tornar-se um fato probatório extraordinário. O professor declara, humildemente, que, de fato, tem uma irmã chamada Maria, mas ainda viva, na Itália, – Maria Ubaldi Papparelli...

Um momento abalador, de hesitação geral, de ansiedade, quase de choque, ante o insólito acontecimento. Mas, foi questão de segundos, de brevíssimos segundos: o Espírito Maria esclarece ao Professor, através de Chico, afirmando que ela fora também sua irmã, homônima da que estava viva na Itália, havendo morrido há muito tempo, quando Pietro Ubaldi estava ainda por nascer...

O Professor, então maravilhado, confessa que só agora, após a elucidação espiritual, recordava que, de fato, sabia haver tido uma irmã, que não chegara a conhecer pessoalmente, também chamada Maria, tal qual a que ainda se acha encarnada na Europa... Foi uma prova realmente

---
[104] *Pietro Ubaldi e o terceiro milênio*, p. 174.

maravilhosa, singularíssima, da verdadeira sobrevivência espiritual.[105]

Encerrando a noite, já no dia 18, Chico recebe um poema do Cruz e Sousa, em homenagem ao ilustre visitante...e aniversariante:

O HERÓI

Afrontando o aguilhão torvo e escarninho
De sarcasmos e anseios tentadores,
Ei-lo que passa sob as grandes dores,
Na grade estreita do terrestre ninho.

Relegado às agruras do caminho,
Segue ao peso de estranhos amargores,
Acendendo celestes resplendores,
Atormentado, exâmine, sozinho...

Anjo em grilhões de carne, errante e aflito,
Traz consigo os luzeiros do Infinito,
Por mais que a sombra acuse, gema e brade!

E, servindo no escuro sorvedouro,
Abre ao mundo infeliz as portas de ouro
Para o banquete da imortalidade.

Cruz e Sousa[106]

Na sua última conferência em SP, na sede da Federação Espírita daquele estado, Ubaldi relata aos ouvintes detalhes de seu "encontro" com a obra de Allan Kardec:

A primeira concepção, que me nasceu no cérebro, sobre a reencarnação, foi há muito tempo. Eu tinha, aproximadamente, 26 anos e vivia em dúvida completa, pois, já golpeado profundamente pela dor, não conseguia atinar com as suas causas. [...] Então – por acaso – digo acaso, mas por certo era obra da Providência – caiu em minhas mãos *O livro dos espíritos*, de Allan Kardec. Eu era jovem, desorientado, não tinha, ainda, passado pela ex-

[105] Ibidem, p. 175.
[106] Ibidem, pp. 176-77.

periência de grandes problemas na vida. Li com grande interesse e vos confesso que, em certo ponto, exclamei: Achei!... Eureka! poderia eu ter repetido, encontrei, encontrei finalmente a solução que eu procurava e que me esclareceu! [...] Devo, entretanto, confessar-vos precisamente aqui, nesta noite e local, que a Allan Kardec devo a primeira orientação e a solução positiva do problema mais complexo que, mais de perto, me interessava, considerando minha condição de ser humano. [...] E é interessante observar que, em conseqüência disso, eu, sem o saber, era espírita há quarenta anos..."[107]

A "maratona" de Ubaldi só termina em novembro. A despedida foi em Campos, emocionando a todos:

> Está concluída minha primeira viagem através do imenso Brasil. Havendo saído exausto da Itália, foi para mim um grande esforço percorrer durante cem dias um enorme país, novo para mim, aprender-lhe os costumes e a língua, visitar cerca de 40 cidades, realizando cerca de 80 conferências, respondendo a milhares de pessoas, abraçando a todos. Mas, este esforço era um sagrado dever, porque fazia parte de minha missão.
> Por isso, estou agradecendo de coração a todos que me ajudaram. [...]
> Dentre poucos dias, viajarei para a Itália. Até lá, meu espírito se constringe em aflita nostalgia por este grande Brasil, que me abriu os braços. E do coração nasce esta mensagem de adeus em que, chorando, abraço os queridos amigos que aqui encontrei... [...] Construir, sempre construir, agir em sentido positivo (Deus), jamais em sentido destrutivo (Satanás). Não discutir, criando dissensões em nome da letra. O espírito de todas as religiões é: Amor. Esta é a síntese do meu trabalho feito aqui no Brasil. Esta é a recordação que deixo aos amigos brasileiros, a fim de que seja o seu método de trabalho.
> Campos, RJ, 11 de dezembro de 1951.[108]

1952

---
[107] Ibidem, pp. 164-65.
[108] Ibidem, p. 180.

PÁSCOA. Ubaldi volta para Gúbio, Itália, com um convite na bagagem: mudar-se para o Brasil. Afinal, em 1952 estaria se aposentando, como professor de inglês. Sua família já não tinha nenhum patrimônio. Estavam pobres. No Brasil, poderia viver dignamente com sua aposentadoria e com os direitos das vendas de sua obra. O Apóstolo da Úmbria acalentava com carinho especial a idéia. Trazia, ainda vivas, as carinhosas lembranças do contato com o nosso povo. Sabia, agora, o quão fértil se mostrava a alma brasileira para a semeadura espiritual. Na Páscoa, a Voz traz a orientação necessária: "Prepara-te. Viajarás com toda a tua família no final deste ano, o próximo Natal passarás no Brasil. É como se tudo já tivesse acontecido."[109]

NOVEMBRO, 25. Ubaldi e sua família, a bordo do vapor *Augustus*, saem do porto de Gênova em direção ao Brasil. Problemas de ordem burocrática, de última hora, chegaram a pôr em risco a data da viagem, mas a Divina Providência, sempre sábia e perfeita, interferiu em favor do servo fiel de forma precisa:

> Faltavam 15 dias para a partida do navio, quando, inesperadamente, surgiram imprevisíveis dificuldades de alguns documentos para o passaporte, dificuldades que não seriam superadas antes de três meses. Circulava, desesperançado, de uma repartição para outra, quando minha filha me disse que aquele era um momento apropriado para que acontecesse um milagre. Se não, teríamos que adiar a viagem e ninguém saberia para quando. Isso porque enormes dificuldades haveriam de surgir, com o adiamento, e só se poderia realizar a viagem em pleno inverno, enfrentando frio e neve. E o milagre aconteceu.
> Aparentemente por acaso, encontrei naquelas repartições um ex-aluno, advogado, que era justamente o secretário da pessoa de quem dependia o caso: e tudo facilmente se conseguiu e resolveu em apenas três dias.[110]

---
[109] Ibidem, p. 183.
[110] Profecias, p. 30.

DEZEMBRO, 08. Após 12 dias de viagem, Ubaldi e sua família (sua esposa Maria Antonieta, sua filha Agnese e as netas Maria Antonieta e Maria Adelaide, ainda menores) aportam em Santos, sendo recebidos por um grupo de amigos de São Paulo. Nunca mais Ubaldi sairia do Brasil.

Depois de dez dias de descanso no edifício Sobre as Ondas, em Guarujá (SP), a família se instala no edifício Iguaçu, no número 686 da avenida Padre Manuel da Nóbrega, em São Vicente (SP). O Natal é passado em Campos. Ubaldi profere palestra na Escola Jesus Cristo, apresentando uma Carta Aberta aos Amigos Brasileiros:

> Esse Natal de 1952 assinala uma grande curva no meu destino; a realização de quanto Sua Voz há muitos anos me diz e o início de um novo período de minha vida, o último, em que o trabalho iniciado teoricamente em meus livros tende a uma sempre mais concreta realização. Isso significa que a hora é verdadeiramente chegada e que meu trabalho espiritual, pelo qual estou no Brasil, se cumprirá.
>
> Isso é uma promessa de Deus e um grande compromisso para mim. Sinto que estou em vossa terra, não por meu interesse ou capricho, mas para dar e produzir, em cumprimento à vontade de Deus. Compreender-se-á sempre melhor, no futuro, a importância dessas palavras.[111]

1953

NATAL. Após uma temporada de descanso, na casa de amigos, Ubaldi e sua família retornam para São Vicente, onde ele reinicia seu trabalho recebendo a última das Grandes Mensagens, a "Mensagem da Nova Era": "Tende fé, tende certeza. A Nova Era vos aguarda. Na imensa luta, Cristo é o mais forte e Ele estará convosco e com todos aqueles que Nele crêem."[112]

1953-1955

Pobre Ubaldi! Mal sabia o quanto esse descanso inicial lhe seria importante para enfrentar a "grande batalha"

---
[111] Pietro Ubaldi e o terceiro milênio, p. 187.
[112] Grandes mensagens, p. 51.

que teria logo pela frente. Chegara ao Brasil imbuído dos melhores propósitos. A Voz apontara-lhe esse caminho como o prosseguimento natural de sua missão. Sentia em nosso país todo o potencial para receber a obra e entender a profundidade de sua significação espiritual. A recepção em 1951 fora calorosa. O povo mostrava-se ávido de luz e esclarecimento. De todo lado recebia palavras de ânimo e promessas tranqüilizadoras, assinalando para os anos vindouros todas as garantias necessárias para o sustento de sua família e o prosseguimento de seu trabalho. Tudo seria arranjado para que a obra não sofresse solução de continuidade.

Em breve, no entanto, Ubaldi percebe que, infelizmente, o início de sua vida no Brasil não será tão calmo nem tão seguro como seria de se desejar. Por razões diversas — nesses casos, as explicações para o não-cumprimento de promessas são sempre muito boas e convincentes — o dinheiro não é suficiente. Súbito, aquele senhor de 68 anos, responsável pela esposa doente, pela filha e duas netas, que vive apenas da aposentadoria de professor, que mal fala o português e que ainda se acha em terra estranha, vê-se diante da inglória tarefa de trazer para casa o pão de cada dia.

Agnese, a filha, tenta ajudar. Aprende rapidamente o português. Corre à procura de emprego. À procura de amigos. Tudo em vão. Os meses passam, a situação se agrava.

Diante do caos, a única certeza era Cristo. Ubaldi sabia que não estava em nosso país por acaso, que tinha muito o que fazer e produzir, que havia ainda toda a chamada obra brasileira — 14 volumes — para serem redigidos. Não podia parar. Em algum momento, Cristo o ajudaria. Cabia-lhe trabalhar e esperar. O auxílio chegaria no momento próprio, na forma adequada, por um instrumento qualquer escolhido pela própria vida. Bem que a vida lhe testou a fé e a têmpera pessoal...

Em julho de 1954, o seu então editor manda suspender o minguado pagamento dos direitos autorais de seus livros. A família Ubaldi acusa o golpe. As dificuldades chegam ao limite do suportável. Poucos meses mais tarde, em fevereiro de 1955, surge o que parece o "golpe de misericórdia": Ubaldi recebe, no dia 14, uma ordem judicial para desocupação do apartamento em que morava. Em poucas horas estaria na rua, com esposa, filha e netas. Tensão máxima. Ubaldi relata em *Profecias* – o primeiro livro da chamada obra brasileira – a angústia daquele momento e a ajuda imprevisível que lhe trouxe a solução e o sossego tão desejados:

> Nessas horas, a minha vida e a de minha família estavam suspensas por um fio: minha fé em Cristo. Éramos defendidos tão-somente pelas potências espirituais. E elas venceram. Nesse mesmo dia, de muito longe, sem que nada houvesse pedido, chegou a ajuda para comprar um novo apartamento, isto é, o dinheiro exato para isso, nem mais, nem menos.
> [...] Fui, assim, prodigiosamente salvo de golpes duríssimos e muito bem calculados, para que a outra parte não admitisse a possibilidade da vitória. Fui salvo contra todas as probabilidades humanas, sobre as quais as pessoas práticas firmam suas bases. Salvo pelo socorro das forças espirituais, forças essas ignoradas completamente por essas pessoas, como o demonstraram.[113]

Assim como essa inesperada solução, também é impressionante a constatação de que, mesmo debaixo de tamanha 'tempestade', Ubaldi produz, justo nesse período, quatro volumes: *Comentários* (Introdução à obra brasileira), *Profecias, Problemas atuais, A grande batalha*. Os três últimos compõem a primeira trilogia da obra brasileira. Redigidos entre 53 e 54, *Comentários* e *Profecias* têm em comum a sua data de publicação: o Natal de 1955. Em *Comentários* encontramos um apanhado bastante completo da primeira parte do trabalho ubaldiano, a chamada

---
[113] Profecias, p. 44.

obra italiana, reunindo de forma estruturada uma seqüência de documentos, textos e referências importantes para o registro histórico do início da produção e de sua magnitude para a história do século 20:

> [...] no limiar desta nova e Segunda Obra, que pertence ao período brasileiro, quisemos, antes de nela entrar, resumir e documentar o período precedente, concluindo-o com este volume, que pode assim definir-se como o elo de união entre as duas, a Primeira e a Segunda Obra.
> Com o volume que a este se seguirá, *Profecias*, deixaremos para trás esse mundo passado, ao qual pertence a Primeira Obra, e entraremos decididamente no período brasileiro, que construirá a Segunda em novo ambiente, com novos elementos e psicologia, trabalho inédito.[114]

Profecias apresenta premonições acerca do futuro do Brasil e do mundo, com especial destaque para o nosso país e sua função na nova civilização do terceiro milênio:

> O meu dever é entregar aos espiritistas – porque no Brasil foram eles os primeiros a vir ao meu encontro, tanto quanto a todos os homens honestos e de boa vontade – uma Obra ainda em seu início e cujos planos o mundo ainda não conhece, mas que me vêm sendo revelados dia a dia.[115]

Na seqüência, *Profecias* traz, também, alguns alertas importantes para a sociedade brasileira:

> A função histórica do Brasil no mundo só pode ser, portanto, nesse nosso tempo, uma função de paz. Esta é a sua posição atual no pensamento da História, esta é a missão que lhe foi por ela confiada.[116]
> [...] Eis a atual posição do Brasil na História. A vida lhe oferece uma função a executar, a qual faz parte de seu plano de expansão e de evolução do planeta. É um ofe-

---
[114] Comentários, p. 16.
[115] Profecias, p. 39.
[116] Ibidem, p. 201

recimento, é a investidura de uma grande missão. Cabe agora ao povo brasileiro corresponder ao oferecimento, compreendendo-o e aceitando-o. Os momentos históricos jamais se repetem idênticos e esses oferecimentos não são feitos duas vezes.[117]

Complementando *Profecias*, e redigido praticamente em paralelo, logo em seguida surge *Problemas atuais*, em que o destaque é o ensaio sobre a reencarnação, com 109 páginas, divididas em três substanciosos capítulos, um dos quais dedicado inteiramente à análise do *Livro tibetano dos mortos*. Pela primeira vez, em sua obra, Ubaldi traz toda a força de sua linguagem e a consistência de suas análises para esse tema, tão controverso, encantando a todos com a objetividade e a abrangência de sua argumentação:

> Os vários grupos humanos poderão sustentar o que quiserem segundo seus interesses. Mas a reencarnação é uma verdade biológica positiva, que hoje pertence já à ciência; é fato objetivo independente das afirmações de qualquer escola ou religião. A essa doutrina se refere o próprio Evangelho, que sem ela seria incompreensível em vários pontos.[118]

1956

Passada a tempestade, Ubaldi dedica-se, no primeiro semestre, à redação de *O sistema*, quarto volume produzido no Brasil. Considerado um dos pontos altos de toda a sua obra, o novo livro trata de assuntos profundos – a gênese e a estrutura do universo – e dá continuidade ao trabalho iniciado em *Deus e universo*, mas dessa vez com um abordagem didática, através de perguntas e respostas, aproximando-se muito da linha adotada por Allan Kardec em seu *O livro dos espíritos*. *O sistema* nasceu de uma seqüência de cursos ministrados por Ubaldi, nesse período, sobre o argumento de *Deus e universo*, resultando

---
[117] Ibidem, p. 203.
[118] Problemas atuais, p. 196.

do esforço do missionário da Úmbria para tornar cada vez mais simples e claras as respostas para todo tipo de questão relacionada à origem do universo e à queda espiritual:

> [...] tudo se reduz a explicar ainda melhor, cada vez mais clara e evidentemente, até que se compreenda. A única dificuldade que pode surgir como causa de dissensões, é não se haver explicado bastante. O remédio diante de qualquer condenação é apenas o de insistir, explicando sempre mais claramente. O problema não é de modificar, mas de ser compreendido.[119]

Não podemos falar sobre esse livro sem comentar, também a tradução do professor Carlos Torres Pastorino — certamente um dos gigantes do pensamento e da filosofia desse país, em todos os tempos — e o registro de suas impressões, quando da primeira leitura de *O sistema*:

> Perguntam-me alguns confrades, como posso aceitar a teoria de Pietro Ubaldi, sendo, como sou, espírita adepto de Allan Kardec? Confesso que não vejo nenhuma contradição entre as duas teorias.
> Para quem lê Kardec superficialmente, detendo-se nas palavras impressas, a teoria de Pietro Ubaldi pode parecer "herética". Mas aos que lêem o mestre penetrando as entrelinhas das respostas dos espíritos, tão sábias e profundas, nada lhes aparece de contraditório.[120]

Para quem estava saindo de um período tormentoso, repleto de dificuldades e problemas de toda ordem, Ubaldi mostra-se então mais "em forma" do que nunca, produzindo trabalhos verdadeiramente antológicos.

ABRIL, 16 e 17. Outro destaque desse ano é o novo encontro de Ubaldi com o médium de Pedro Leopoldo, Chico Xavier. Novas mensagens são recebidas mediunicamente pelos dois missionários:

Meu amigo, que o Senhor nos abençoe.

---
[119] *O sistema*, p. 21.
[120] Ibidem, pp.14-15.

Através da oração reconhecerá o seu entendimento daquelas diretrizes que lhe cabe adotar em seu ministério da palavra edificante.

De nossa parte, formulamos votos para que os temas libertadores do Espiritismo, como chaves de compreensão clara e simples do Evangelho de Nosso Senhor Jesus Cristo, fulgurem nas suas tarefas educativas, de vez que a multidão tem fome da luz imanente da reencarnação[121]o e do intercâmbio espiritual entre os dois mundos, para entender o caminho terrestre, sublimando as suas tarefas e ásperos destinos.

Que a sua mediunidade, meu amigo, brilhe com Jesus, é o desejo do seu irmão e servidor

EMMANUEL
(Psicografia de Francisco C. Xavier,
Revista Santa Aliança do Terceiro Milênio, 1956.)

Simultaneamente, Ubaldi recebe palavras de conforto e ânimo de Sua Voz:

Meu filho. Estou contigo, não temas. Procure ouvir-me, embora você esteja cansadíssimo.

Volto a ti, depois de cinco anos, para confirmar, nesta noite, no 17 de abril de 1956, o que aqui em Pedro Leopoldo eu já te falei no 17 de agosto de 1951.

São cinco anos. Quanto caminho! Quanto sofrimento! Mas estou contigo. Não temas.

Duas coisas quero dizer-te:

Continua perdoando, como até agora sempre perdoaste a todos aqueles que te fizeram sofrer.

Segundo: a tua missão aqui no Brasil se cumprirá. Ninguém, nunca, poderá pará-la. As forças do mal não prevalecerão. Tenha esta certeza. Estou contigo. Este é o grande poder que força humana alguma, nunca, poderá vencer. Com esta certeza, continua o teu trabalho.

---

[121] Interessante que nesse mesmo ano de 1956 Ubaldi apresentou ao público um de seus trabalhos mais valiosos – Problemas atuais, em que um dos destaques é exatamente um substancioso ensaio sobre a reencarnação. Poucos anos mais tarde, em 1959, publica A Lei de Deus, apresentando alguns dos principais conceitos de sua obra numa linguagem bastante simples, pensando sempre na multidão que tem "fome de luz". Quem sabe estivesse, assim, atendendo gentilmente ao apelo fraterno do querido Emmanuel.

Nesta hora confirmo-te tudo o que te falei no 17 de agosto de 1951. Tudo se realizará. Estou contigo e a tua missão se cumprirá, pela razão que ela está dirigida pelo Alto e escrita desde tempo no livro onde nada pode ser cancelado.
Estou contigo – Abençôo a todos
SUA VOZ
(*Revista Santa Aliança do Terceiro Milênio*, 1956.)

1957

Vem a lume *A grande batalha*. Nesse trabalho, Ubaldi retoma o assunto da crise vivida em seus primeiros anos no Brasil, mas desta vez olhando-os sob novo ponto de vista, analisando o entrechoque de valores na sociedade humana à luz do funcionamento da lei divina:

> Destino! Pode este constituir o drama de uma vida, drama tanto maior quanto mais for titânico aquele destino. Há destinos simples, cinzentos, insípidos, que se arrastam terra a terra, presos a pequenas coisas. Mas há, também, destinos tremendos, apocalípticos, feitos de dores, alegrias e conquistas poderosas de dimensões gigantescas, destinos em que se embatem o céu e a terra, numa luta que arrasta e esmaga o indivíduo numa tempestade cósmica. Há destinos constituídos de poucas idéias, de realizações elementares, que não vão além das dores e das conquistas suportáveis por um menino. Mas há, outrossim, destinos em que se agitam os maiores problemas do universo, em que através de grandes paixões devem realizar-se as maiores conquistas, e no meio das maiores dores é preciso saber dar escalada ao céu. Destinos feitos de tormenta criativa para os titãs do coração e do pensamento. Destinos de tormento proporcionado àquela potência, em que a dor bate duramente sobre a bigorna daquelas almas, para fazer emergir aquela potencialidade em centelhas que iluminem o mundo. [...] Destino, enigma de toda alma! Inexoravelmente acorrentada, a alma o vai desenvolvendo em sua vida, cada alma o tem como carne de sua carne e não o conhece; indaga, buscando a revelação do seu mistério. Tudo entretanto, está escrito no livro do destino, mas a alma não sabe ler.[122]

---
[122] A grande batalha, pp. 143-44.

Em casa, Ubaldi passa por novo revés. Sua esposa, d. Antonieta, é submetida à cirurgia de catarata. Ele a acompanha ao hospital, ali permanece, prestando auxílio durante a recuperação. As dificuldades e as despesas aumentam.

A filha Agnese Ubaldi e alguns amigos – Kokoszka; Cláudio Picazio e a senhora Irene, sua primeira esposa; bem como outros companheiros do Núcleo Ubaldiano de Metafísica – fundam o Grupo Editorial Monismo, uma casa publicadora para a divulgação da obra de Ubaldi e para a busca de novos recursos para a sobrevivência da família. No triênio 1957-59, o grupo publica *Problemas atuais* e *O sistema*, ambos com tiragem inicial de dois mil exemplares.

1958
O novo ano chega, mas os problemas de saúde de d. Maria Antonieta aumentam. Ela faz cirurgia de catarata na outra vista. Ubaldi desdobra-se. Em correspondência ao amigo José Amaral, datada de 1.º de abril, relata as dificuldades para conciliar o apoio à companheira querida e o trabalho na obra: "Continuo sendo enfermeiro durante a noite toda, levantando-me para ajudá-la até seis vezes por noite. Há três meses que faço, também, esse trabalho."[123]

PÁSCOA. Chega a vez de *Evolução e Evangelho*, 16.º volume da coleção Pietro Ubaldi. Avançando no rumo da construção de uma nova ética, apoiada nos princípios da vida e da lei divina, o Apóstolo da Úmbria concentra-se, desta vez, no estudo do choque permanente entre os princípios do Evangelho e os do mundo. Ao contrário de *A grande batalha*, em que analisou essa questão do ponto de vista individual, desta vez observa o fenômeno coletivo, passando por temas de máximo interesse como "As religiões e a verdade", "A Igreja" e "O futuro do ho-

---
[123] Pietro Ubaldi e o terceiro milênio, p. 214.

mem", criticando com precisão alguns dos valores mais presentes na chamada "civilização contemporânea":

> Jamais nos convencemos com a experiência alheia: só com a própria. [...] Cada um é o que é, e com o próprio comportamento revela o que seja. [...] Dizemos isto para que os simples não se iludam. Sem mérito e justiça, nada se recebe do céu. Sem dúvida seria agradável ao homem da terra poder aproveitar também destas vantagens e proteções de que goza o evoluído. Seu instinto é o de aferrar tudo o que pode ser útil. Mas é inútil fazer pressão com a força. A máquina não obedece a esses impulsos, não é posta em movimento com a violência nem com astúcia, mas só com a bondade e o merecimento. É inútil pretender o milagre, quando não há martírio, nem bondade, e quando nos aproximamos dos poderes do Alto com a psicologia humana corrente do aproveitador. É indispensável possuir verdadeiramente as qualidades necessárias, e não apenas julgar que as temos, iludindo-nos. Na terra, estamos habituados a falsionar tudo, para tirar vantagens do engano. [...] E não basta sermos bons, se formos inertes e preguiçosos. Precisamos possuir a fé e a atividade dos trabalhadores fortes e honestos ... O céu não pode funcionar como escapatória, para evitar-nos o cansaço de viver.[124]

AGOSTO, 17. Ubaldi inicia uma série de 24 palestras na Rádio Cultura São Vicente, sempre aos domingos, concluída a 08 de fevereiro de 1959. Concomitantemente, as conferências foram publicadas em *O Diário*, de Santos, sendo posteriormente reunidas em *A Lei de Deus*, concluído na páscoa de 1959. Aprofundando ainda mais suas análises acerca da Lei de Deus e sua vinculação direta com o Evangelho, Ubaldi antecipa – neste volume e mais tarde em *Pensamentos* – o que hoje chamamos de *literatura de auto-ajuda*, posto que traz, de forma cada vez mais objetiva e concisa, em linguagem popular, os mecanismos da Lei de Deus que podem nos ajudar a viver melhor. Sempre fugindo, porém, da linha dos que 'ven-

---
[124] Evolução e Evangelho, pp. 15, 22 e 29.

dem' facilidades e conquistas fáceis no caminho evolutivo, avisa, logo na introdução, qual o verdadeiro sentido e o propósito de seu trabalho:

> Afinal de contas, não estamos dizendo coisa nova, mas repetindo com outras palavras o que já foi dito no Evangelho e pelas religiões mais adiantadas que o mundo possui. De tudo isso só quisemos dar demonstração lógica e prova experimental. Explicamos a necessidade de tomar a sério e viver o que o mundo está repetindo com palavras há milênios.[125]

1960

Ubaldi completa 74 anos. O corpo sente o cansaço da lida, mas a alma voa cada vez mais alto, alcançando níveis conceituais sempre mais surpreendentes. Para comemorar, traz a lume *Queda e salvação*, outra de suas obras antológicas, desta vez o que porventura é o mais arrojado e completo tratado de ética de todos os tempos. Trabalhando sobre um quadro esquemático, acerca das leis de causa e efeito, ação e reação, Ubaldi aqui revela, em detalhes, os mecanismos da Lei Divina que atuam diretamente na construção dos destinos, dirigindo assim, com justiça férrea, cada etapa do processo de queda e salvação (involução e evolução):

> Mostramos neste volume os duros efeitos da queda, mas também os caminhos da salvação. Temos agora a diagnose do mal e os remédios para o tratamento. A conclusão é que, com a evolução, temos nas mãos a chave de nossa salvação, o meio para a conquista da felicidade e da vida eterna. Se com a revolta o ser involuiu no AS, com a evolução ele pode voltar ao S. Esta nossa conclusão não é novidade, porque é uma ética que coincide com a do Evangelho e com a que repetem as religiões num consentimento quase universal, que nos confirma como prova de verdade de nossas teorias. A novidade está na forma, mais convincente, na qual apresentamos tal verdade.[126]

---
[125] A Lei de Deus, p. 18.
[126] Queda e salvação, pp. 306-07.

Para os que acreditam que somente a "fé racional só o é a que pode encarar, frente a frente a razão, em todas as épocas da humanidade"[127], está aí um livro de leitura obrigatória.

OUTUBRO, 24. Respondendo a carta de um grande amigo – o embaixador Manuel Emygdio – Ubaldi comenta, com bom humor, as referências de frei Bonaventura sobre a sua obra, comparando-a com as de Kardec e Roustaing:

> Chegou agora nas minhas mãos um livrinho do Frei Bonaventura contra a heresia espírita. Ele me fez a honra de dizer que no Brasil há: espíritas, kardecistas, rustenistas e ubaldistas!... que seguem a Kardec, Roustaing ou P. Ubaldi!... depois acrescenta... Em S. Vicente (Santos) mora atualmente o escritor italiano P. Ubaldi, a reencarnação de São Pedro Apóstolo!... Ele afirma mais do que eu, e que propaganda me fazem estes bons padres. Precisaria os agradecer!

1961

AGOSTO, 05. Em artigo publicado no *Correio do Povo*, de Porto Alegre, o inesquecível Carlos Drummond de Andrade se engaja na campanha pela indicação de Pietro Ubaldi para o Prêmio Nobel:

> Lá se vai a primeira metade do ano, e ainda não vi na imprensa brasileira e em outros veículos de divulgação nenhum movimento em favor da candidatura brasileira ao Prêmio Nobel de Literatura. Como sempre, estamos atrasados, e isso não se deve, suponho, à falta de interesse pela conquista dessa láurea, mas antes a excesso de interesse em obtê-la. Todos nós literatos almejamos o Prêmio Nobel para nós ou para um amigo dileto, mas a correr o risco de vê-lo adjudicado a Beltrano, que também o cobiça, e cujo nariz e obra não são de nosso agrado, o melhor é que ele fique mesmo por longes plagas. E isso explica, a

---

[127] Da folha de rosto de O Evangelho segundo o espiritismo, de Allan Kardec.

meu ver, porque ninguém este ano, entre nós, reclamou ainda o Nobel para o Brasil.

Entretanto, de fora, velam por nós. Acabo de receber de Montevidéu confortadora correspondência do Grupo Editorial Monismo Ltda., que tem por objetivo induzir a Academia Sueca a distinguir o nosso país com a concessão do prêmio de literatura de 1961. O Grupo se dirige a todos os prefeitos municipais do Brasil, que usem de "sua poderosa influência junto de todas as entidades e instituições locais" a fim de que, em pelotão, escrevam para Estocolmo, apoiando a iniciativa. Remete, mesmo, uma carta-modelo, para facilitar.

Impressos de propaganda são distribuídos, e neles se realça que soou para nossa pátria a hora de conquistar o galardão máximo das letras. Segundo esse material, a nação brasileira tem como função histórica promover a renovação espiritual da Humanidade, a operar-se mediante a unificação do pensamento. Ora, nós temos precisamente um sábio que oferece tal unificação e que, de seu retiro em São Vicente, pertinho de Santos, acena ao mundo com a Grande Síntese. Conseguiu-a com duas obras, de 12 volumes cada uma, que condensam profundas meditações no campo geral do conhecimento, desde a filosofia, o profetismo e a história até a economia e a física nuclear. E o resultado dessa sondagem no mistério do cosmo é a visão otimista de um superior telefinalismo, pois as imperfeições atuais, injustiças, opressão econômica, meios científicos de destruição constituem meros borrões no rascunho da futura e infinita perfeição, desde, é claro, que os homens tomem juízo, essa aspirina que ninguém usa.

O universo bem compreendido é o produto da lógica de Deus. Esta verdade iluminará a civilização do III Milênio, salvando-nos da catástrofe; o Brasil a possui, na pessoa de seu descobridor: merece, pois, o Prêmio Nobel, através desse homem sábio, de quem o Grupo Monista remete duas fotografias, para melhor identificação.

O sábio é Pietro Ubaldi; nascido na Itália mas radicado no Brasil desde 1952. A primeira metade de sua obra, 12 volumes, é italiana, mas os outros 12 foram ou estão sendo escritos aqui. "Ubaldi – diz a carta-modelo – não é apenas uma glória para a Itália, onde nasceu, e para o Brasil, que o compreendeu e integrou, mas é uma glória para a humanidade.

Se ganhar o Nobel, pois, o Brasil se projetará no mundo, e ele será conhecido no Brasil.

NATAL. O sofrimento de d. Maria Antonieta cresce junto com as adversidades da família Ubaldi. As cirurgias de catarata foram apenas o princípio de uma série de complicações e de um agravamento contínuo de seu estado de saúde. Agora já não caminha, demandando sempre o suporte de duas pessoas para poder locomover-se.

Agnese e os amigos da Editora Monismo desdobram-se para publicar a obra e trazer recursos, lançando, entre 60 e 62, *Evolução e Evangelho*, *A grande batalha* e *A Lei de Deus*. Os provimentos oriundos dos direitos autorais, no entanto, não cobrem sequer 20% das despesas da família. Tomando conhecimento da situação, o doutor Manuel Emygdio da Silva, um dos grandes colaboradores da obra e muito amigo de Ubaldi, sugere ao professor que lance um apelo ao mundo, explicando a sua situação e o risco em que se encontra a obra. Ubaldi reluta para aceitar a idéia mas, depois de uma conversa em família, publica o seu *Apelo ao mundo*, pedindo ajuda para o prosseguimento da obra. A ajuda aparece, na exata medida, e o trabalho prossegue...

1963

ABRIL, 30. Desencarna d. Maria Antonieta. Ubaldi dá notícia aos amigos através de correspondência:

> A notícia triste deixei para o fim da carta. Parece-me que na carta precedente lhe escrevi [dirigia-se então ao amigo José Amaral, correspondente habitual] que levamos dona Antonieta ao hospital para fazer cinco transfusões de sangue, radiografias etc. Depois a ambulância a trouxe para casa. Passou a Páscoa conosco, mas foi sempre piorando. Às 23 horas de 29 de abril começou a respirar mais difícil – mas sem mostrar dores – às 3 horas de terça-feira, 30 de abril, o coração parou. Foi enter-

rada 31 horas depois, no dia 1.º de maio, às 10 horas, no pequeno cemitério de S. Vicente. Na noite em que morreu estávamos todos juntos, perto dela. Para mim ficou um vazio imenso e uma tristeza de que não consigo me recuperar.[128]

Depois de aprofundar-se no terreno da ética, Ubaldi mergulha agora no campo da psicanálise, em *Princípios de uma nova ética*, mostrando a paridade entre o nível psicológico do homem e o padrão ético e comportamental que abraça:

> Que importa se um indivíduo pertence a este ou àquele partido ou religião, quando ele não saberá pensar e continuará agindo, com a sua forma mental de involuído, com todas as conseqüências decorrentes? Um homem desonesto permanecerá sempre um perigo social, qualquer que seja o partido ou a religião a que pertence. O contrário acontecerá em qualquer partido ou religião, se o indivíduo for honesto.
> A futura divisão não será a dos atuais grupos políticos ou religiosos, mas dos justos e injustos. A nova revolução não é para vencer os semelhantes com os seus mesmos métodos, ficando todos no mesmo nível evolutivo, mas é para mudar de método, subindo a um nível de vida superior. Esta é a verdadeira revolução. Eis o que quer dizer: Princípios de uma nova ética.[129]

OUTUBRO, 05 a 12. O ano de 1963 será marcado, também, pela realização do Congresso Espírita Pan-americano (CEPA), realizado em Buenos Aires. Motivado pelo doutor Manuel Emygdio, então diplomata em Montevidéu, Ubaldi envia aos participantes do congresso oportuna carta, apoiando-se nos seis itens do temário do evento: "Contribuição do espiritismo ao progresso da ciência", "A filosofia espírita e a civilização contemporânea", "Como conter o avanço do materialismo na civilização atual", "As leis morais", "As ciências sociais

---
[128] Pietro Ubaldi e o terceiro milênio, p. 217.
[129] Princípios de uma nova ética, pp.59-60.

e o espiritismo" e "Prepara o espiritismo uma nova civilização?". A carta de Ubaldi resulta numa das mais lúcidas e profundas críticas ao espiritismo e ao movimento espírita, de todos os tempos. Naquelas linhas, parece que Sua Voz e o Espírito da Verdade confundem-se num uníssono, conclamando os espíritos de boa vontade para a necessária atualização e para uma atitude mais consciente, com contínua renovação:

> A verdade não é inércia, mas pesquisa e conquista contínua. Uma religião, para se manter viva, não pode permanecer cristalizada na repetição do que foi dito, sempre estacionária no ponto de partida, adormecida lá onde ela nasceu. Para que a vida não morra, estática, no caminho, o pensamento emigra para fora das religiões e vai seguindo novas formas de pesquisa, superando assim o passado envelhecido e, avançando por outros caminhos, meios e instrumentos, progredindo por sua conta.
> Eis o perigo que ameaça todas as religiões, filosofias e formas de pensamento. Eis o que pode acontecer também com o Espiritismo, porque ele se encontra dentro da mesma humanidade e leis da vida. Se não se renovar, progredindo paralelamente com o pensamento moderno, ele arrisca-se a envelhecer e ficar abandonado, deixado para trás pela ciência e por aquele pensamento.[130]

Ubaldi então analisa, em detalhes, o estágio da doutrina na forma como foi legada por Kardec e seus colaboradores mais diretos, destacando a complementaridade perfeita entre a codificação kardeciana e a sua própria obra:

> O Espiritismo não possui uma teologia que nos esclareça a respeito das primeiras origens do universo e do plano geral da criação, nem os espíritos revelaram coisa importante nesse assunto. E esses não são problemas longínquos, porque, sem conhecer a primeira fonte de tudo, não se pode conhecer a razão pela qual o nosso mundo está feito dessa maneira e não de outra [...]. A atual filosofia espírita é limitada e não nos dá uma visão completa do todo, não explica, pelo menos numa visão

---
[130] José Amaral, Pietro Ubaldi no Brasil, p. 120.

de conjunto, todos os aspectos e não abrange os momentos da Lei de Deus.[131]

Finalizando, oferece aos espíritas a sua obra:

> Trata-se de uma teoria obtida, que permite caber dentro do Espiritismo, porque atingida por inspiração, ou intuição, considerada a mais alta forma de mediunidade consciente, controlada pela razão, usada como verdadeiro método de pesquisa.
> Ao Sexto Congresso Espírita Pan-americano perguntamos: por que o Espiritismo não quer tomar a iniciativa de se tornar uma religião universal? Ele poderá ser, desde que se apoie sobre vastas bases científicas e racionais. A religião do futuro será assim, aceita por todos como o é a ciência, que se apóia sobre aquelas bases.[132]

A revista *La Verdad*, de Buenos Aires, comentando esse trabalho de Ubaldi, disse: "A era do Espiritismo científico foi iniciada e seu artífice originário é P. Ubaldi. A dele é uma revelação extraordinária, tão grande como foi há um século aquela de Allan Kardec."[133]

1964

Começa a campanha para lançamento do nome de Ubaldi como candidato ao Prêmio Nobel de Literatura de 1964. A iniciativa é de Manuel Emygdio, e recebe muitas adesões.

Ubaldi inicia Um destino seguindo Cristo durante férias na praia de Grussaí (RJ), em companhia do prezado José Amaral e esposa, mas retornando a S. Vicente concentra-se em Descida dos ideais, analisando especialmente o fenômeno religioso, passando por temas como "Desenvolvimento do cristianismo", "Cristianismo e comunismo" e "Psicanálise das religiões". O destaque, no entanto, é o capítulo "Ciência e religião". Impossível lê-lo

---
[131] Ibidem, pp. 121-22.
[132] Ibidem, p. 122.
[133] Ibidem, p. 125.

sem lembrar, instantaneamente, as palavras de Allan Kardec na introdução de O Evangelho segundo o espiritismo:

> A Ciência e a Religião não puderam, até hoje, entender-se, porque, encarando cada uma as coisas do seu ponto de vista exclusivo, reciprocamente se repeliam. Faltava com que encher o vazio que as separava, um traço de união que as aproximasse. Esse traço de união está no conhecimento das leis que regem o Universo espiritual e suas relações com o mundo corpóreo, leis tão imutáveis quanto as que regem o movimento dos astros e a existência dos seres.[134]

Pouco mais de cem anos depois, temos em Ubaldi o prosseguimento da mesma linha de trabalho, num esforço imenso de aproximação e conciliação conceitual:

> A Humanidade necessita chegar a uma religião científica, como também construir uma ciência que entenda e explique as religiões, sustentando-lhes o conteúdo; para melhor orientar-se, tem necessidade de utilizar todos os valores biológicos, isto é, todo o conhecimento, energias e idéias que possam ser úteis à vida. Hoje, pelo contrário, encontramo-nos ainda numa fase de inimizade entre ciência e fé. No entanto, a verdade é uma só, e estas não são senão duas diferentes maneiras de vê-la e apresentá-la. Cada um, partindo exclusivamente do seu ponto de vista, julga possuí-la toda e assim contrapõe a própria visão de um aspecto da verdade às outras visões e aspectos, condenando-os como erro. Daqui derivam atritos, exclusivismos, sectarismos nos quais se expressa, também neste campo, a lei da luta pela vida.
>
> É necessário unificar o pensamento humano com uma síntese que possa fundir as especializações analíticas da ciência com as verdades intuitivas universais das religiões, não demonstradas mas completares das científicas, racionalmente demonstradas.[135]

Em dezembro de 1964 o Nobel de Literatura é anunciado para Jean-Paul Sartre, filósofo e escritor

---
[134] O Evangelho segundo o espíritismo, p. 60.
[135] Descida dos ideais, p. 283.

francês, expoente do existencialismo. Valeu a campanha pró-Ubaldi mais para a divulgação da obra. Difícil imaginar que um mundo tão violento e materialista estivesse preparado, então, para premiar as palavras evangélicas de Sua Voz.

1965
MAIO, 20. Em nova carta a José Amaral, Ubaldi registra os sinais de cansaço do corpo, diante de um ritmo de trabalho tão intenso:

> Nesses dias o meu coração deu alguns sinais de enfraquecimento. Fiz pequenos esforços físicos e voltou a arritmia (batidas irregulares). O médico fala que há um sopro. Mas agora já estou melhorando. É só a idade. Preciso de vida regular. Porém a vida intelectual fica íntegra, por isso neste terreno posso trabalhar à vontade.[136]

Em 18 de agosto, data de seu aniversário, concluiria: "As minhas viagens acabaram. Mas estou sempre mais ativo. Quer dizer que o movimento se deslocou do plano físico ao espiritual, como é natural que seja para quem vai se aprontando para outra vida deste outro tipo."[137]

1966
Ubaldi completa 80 anos. Prossegue firme no desenvolvimento da obra, concentrando-se agora na conclusão de *Um destino seguindo Cristo*. Cresce todo dia a admiração em torno do seu nome.

MARÇO, 11 a 14. Sob a liderança de Manuel Emygdio e José Bonifácio Alexandre, de Brasília, promove-se o Encontro Brasília I, para divulgação da obra. Convidado, Ubaldi deixa de lado os achaques naturais da idade e comparece levando na bagagem o que tinha de mais precioso para oferecer – o resultado de seus quase 40 anos de trabalho na redação de 24 luminosos volumes.

---
[136] Pietro Ubaldi e o terceiro milênio, p. 216.
[137] Ibidem, pp. 216-17.

Nesse encontro, que conta com participantes de países de todo o mundo – Itália, Chile, Venezuela, Costa Rica, México, Peru, Bolívia, Estados Unidos e Japão, entre outros –, faz a oferta simbólica de sua obra ao Brasil e aos povos da América Latina, no salão da Câmara dos Deputados:

> Com esta Obra nos projetamos no futuro. Ela foi escrita para as gerações que chegarão e às quais os senhores a confiarão a fim de que possam vivê-la. Os senhores têm – e elas também terão – u'a missão: a da realização. Lembrem-se, porém, que u'a missão não existe somente para ser proclamada, como se costuma fazer, mas para ser cumprida. O nosso trabalho não é de palavras, mas de obras. Agora a oferta está feita. Como foi com trabalho que se realizou a primeira fase, agora terminada, assim será com ele que se poderá realizar a segunda, ainda a fazer. Trata-se de construirmos a nós próprios. O edifício a levantar é interior. Mas nada cai do céu gratuitamente. Tanto o indivíduo, como a humanidade, todos têm de subir a montanha da evolução com as suas próprias pernas. Mudam-se os operários, e a obra continua. Eu lhes mostrei a meta a atingir. O homem é livre e pode também recusar. [...] Para isso, hoje se trata de uma oferta e não de uma ordem, isto é, uma dádiva que a vida oferece para o bem da humanidade, não uma imposição a constrangê-la. É uma ajuda, uma orientação, um convite para evoluir.[138]

1967
Ubaldi conclui a redação de *Um destino seguindo Cristo*, em que faz uma revisão de toda a sua obra, relacionando-a com o momento histórico do século 20. Impossível, no entanto, não destacar o último capítulo – "Libertação" – como um dos mais belos, dentre os 24 volumes:

> Encontro-me em plena solidão, numa praia deserta. O mundo, as suas imagens e as suas coisas, tudo está longínquo. Nem o eco dos seus rumores, problemas e paixões atinge este imenso silêncio. Como o céu, a pla-

---
[138] *Um destino seguindo Cristo*, p. 255.

nície e o mar são infinitos, também aqui os pensamentos se tornam sem limites. Neste lugar tudo é tão simples e grandioso que parece ter acabado de sair das mãos de Deus. [...] Aqui existo fora dos confins do espaço e do tempo [...] e os dias correm sem medida. [...]

Esta é uma atmosfera diferente que respiro, outro ambiente em que penetro, outra dimensão em que existo. Superei os limites do plano físico, a barreira da forma, das ilusões, das aparências. Sou apenas um pensamento que observa aquele que se encontra em tudo o que existe. Uma força me arrastou para fora das dimensões terrestres, na vibrante imutabilidade do absoluto. [...]

Assim vivo nesta casinha humilde à beira-mar [casa de praia dos prezados José Amaral e Leinha, em Grussaí], num deserto povoado de pensamentos, no meio do vento e das ondas, hospedado graças à bondade e amor de um amigo sincero. Assim vivo aqui, livre e despreocupado, longe do inferno humano. Passo as noites escrevendo, ocupando-me do Cristo, como O sinto a meu lado. Ele está me olhando, e eu leio nos Seus olhos o pensamento de Deus.

Quando não me é mais possível encontrar palavras para dizer o que sinto, dominado pela emoção e pela alegria, deixo cair a pena e choro. Para o meu trabalho e, sob o olhar de Cristo, o livro continua a escrever-se, sem palavras, na minha alma e no meu destino.[139]

O professor Carlos Torres Pastorino (em nosso entendimento, um dos maiores exegetas dos textos evangélicos, no Brasil e no mundo, em todos os tempos) envia a Ubaldi a sua crítica de *A grande síntese*:

Ao finalizar a leitura de *A grande síntese*, temos a impressão de haver lido, ressurgido no século 20, um dos grandes profetas bíblicos. Igualá-la é difícil; negá-la, absurdo; discuti-la, loucura. Mas aceitá-la e senti-la é a prova de que, em nós, há uma centelha da divindade. Merece, realmente, ser encadernada no mesmo volume que o Novo Testamento, como coroamento das Obras dos grandes e primeiros Apóstolos. A força e a segurança

---

[139] Ibidem, p. 361-63.

fazem desta *Grande Síntese* uma continuação natural das Epístolas e do Apocalipse, nada ficando a dever a elas.[140]

AGOSTO, 12. Ubaldi volta a salientar a Manuel Emygdio, também por correspondência, seu apreço todo especial por aquele que seria seu último trabalho: *Cristo*: "É a grande pedra final do edifício. O maior dos meus livros."

1968
Começa a contagem regressiva. Ubaldi sabe que terminará sua obra no final de 1971, com *Cristo*, 24.º livro da série, e que desencarnará logo em seguida. Sente progressivamente o enfraquecimento do corpo, mas em compensação alcança níveis ainda maiores de lucidez psíquica. Começa, nesse período, a redação de *A técnica funcional da Lei de Deus*. Em 29 de junho, dia de são Pedro, o prezado José Amaral entrevista Ubaldi, abrindo espaço para que ele comente o novo trabalho e a fase psicobiofísica em que se encontra:

> O fato perante o qual me encontro é que o meu corpo está envelhecendo, seguindo o seu curso biológico normal de esgotamento senil. Isto é conforme as regras da vida. Mas outro fato perante o qual me acho é que a parte espiritual do meu ser não segue o mesmo caminho e fica bem lúcida e acordada, independente do envelhecimento do corpo. Encontro-me então neste dualismo: estou feito de um parte material que morre e de outra espiritual que não somente continua vivendo, mas que o faz com um sentido de rejuvenescimento, de esclarecimento de poder de concepção, para libertar-se de uma prisão, subindo, em oposição àquela de descida que pertence ao corpo físico. Viver tudo isso como sensação e como realidade é maravilhoso.[141]

Na mesma ocasião, comenta o seu novo trabalho – *A técnica funcional da Lei de Deus*:

[140] Ibidem, p. 351.
[141] *Pietro Ubaldi e o terceiro milênio*, pp. 238-39.

> Não basta dizer que há uma Lei que tudo dirige, sendo ela o pensamento de Deus presente em todas as coisas. É preciso ver como funciona esta Lei, com qual técnica ela se realiza, quais são as suas normas, diretrizes e as suas finalidades. Trata-se de ver mais de perto como na realidade de nossa vida funciona este pensamento de Deus que a dirige. É um trabalho de introspecção que penetra no âmago da personalidade humana, na profundeza do problema do destino, em conseqüência de nossa conduta, seja no sentido do bem ou do mal, explicando porque os acontecimentos se verificam em nossa vida, uma vez que, semeadas as causas, temos que colher as conseqüências. Vemos como a Lei corrige os nossos erros com a dor para nos ensinar a não cometê-los mais, e assim nos impulsiona pelo caminho da salvação. Assistimos a um quadro maravilhoso de sabedoria divina, que trabalha em toda a hora ao nosso lado para evoluirmos e voltarmos a Deus de onde saímos.[142]

1969

Seguindo orientação médica, Ubaldi já não datilografa mais seus manuscritos. Agora Agnese desempenha essa tarefa, sempre em três vias, e sob constante atenção paterna. Dobra o tempo necessário para a produção de cada volume. É nesse novo regime de trabalho que Ubaldi prepara *A técnica funcional da Lei de Deus* e o livreto *Como orientar a própria vida*, primeira parte de *Pensamentos*:

> A nossa sociedade atual não possui escolas que eduquem a fundo, ensinando a viver. A velha moral era exterior, baseada muito nas aparências, em velhos enganos, nos quais hoje não mais se crê. Antigamente bastava não dar escândalo e que o pecado não fosse visto. A verdadeira ciência da vida consistia em esconder os próprios defeitos, não em corrigi-los. [...] Aquilo que buscamos adquirir neste livro é a consciência de nós mesmos, o conhecimento do significado, valor e conseqüência de cada ato nosso, de modo que tudo se desenvolva beneficamente, de maneira satisfatória para o indivíduo. [...] Chegou a hora de dar um salto à frente, em direção a um novo

---

[142] Ibidem, pp. 239-40.

tipo de seleção biológica, não mais aquela feroz do passado que exaltava como campeão o vencedor violento, assaltante, hoje tornado um perigo social. Trata-se de um tipo de seleção mais aperfeiçoado, que deseja produzir o homem inteligente, trabalhador, espiritualmente forte, coletivamente organizado. Trata-se de construir o homem consciente, que sabe pensar por si, independente do juízo alheio, um responsável porque conhece a Lei de Deus e, segundo ela, sabe viver.[143]

NOVEMBRO, 01. Em nova carta ao prezado Manuel Emygdio, Ubaldi relata um pouco de seu empenho na sua obra de maturidade – *Cristo*:

> Vejo que você está cheio de força juvenil e de coragem. Aqui eu faço um trabalho de tipo oposto, de concentração silenciosa para escrever o meu livro maior: *Cristo*. O corpo se enfraquece, faço uma vida regular sob controle médico mensal, exames de laboratório, consultas, remédios e os cuidados de Agnese, ótima enfermeira, mas o espírito se esclarece cada vez mais. Nunca escrevi tão profundo como agora, que estou na idade do maior amadurecimento. Desta festa espiritual, na qual vivo, estou entusiasmado. Vejo tudo com clareza como nunca. Estes anos de velhice pela sua maturação espiritual são os melhores para mim. Deus me recompensa espiritualmente pelo trabalho que fiz pela Obra.

1970

Sempre mais combalido fisicamente, e lúcido espiritualmente, Ubaldi entra na sua "reta final". Conclui a *Técnica funcional*, redige "Análise de casos verídicos", segunda parte de *Pensamentos* e concentra-se totalmente na redação de *Cristo*, obra de maturidade, vôo mais alto de uma alma já habituada a planos psíquicos realmente superiores. "Este livro aparecerá quando eu estiver perto da morte", dissera em entrevista ao boletim *Avancemos*, ainda em 1968. "Para perceber o Cristo é preciso que o corpo esteja diminuindo. E quanto mais isso acon-

---
[143] Pensamentos, p. 17.

tece com a velhice, tanto mais percebo que a visão de Cristo está se aproximando, tornando-se cada dia mais clara."[144]

JUNHO, 23. Ubaldi registra em correspondência a Manuel Emygdio o recebimento de uma carta de Juscelino Kubitscheck, com boas apreciações sobre a obra.

1971

A hora se aproxima, mas o servo é fiel e está pronto. Em carta datada de 18 de agosto de 1971, dirigida a José Amaral, Ubaldi nos dá, de próprio punho, notícias acerca da conclusão de seu trabalho:

> A Obra está quase acabada de escrever, apesar de que os livros grandes (400 páginas) não se possam publicar, porque custam demais. Este é o trabalho que outros farão, quando puderem. A minha parte está feita. No Natal deste 1971 a obra estará definitivamente encerrada, como previsto.[145]

Foi o que aconteceu: exatamente por ocasião do Natal, Ubaldi conclui a gravação das últimas palavras de *Cristo*:

> Assim, um degrau após o outro, no final da Obra e da vida, encontro-me agora de olhos abertos diante da Lei de Deus. Escrevendo, fui à escola e aprendi. Mas ao mesmo tempo quis explicar também aos outros. [...] É a história de uma alma em evolução. Ela poderá interessar a quantos estejam prontos e dispostos a percorrer tal caminho. Por isso a tracei e descrevi nos 24 volumes que se sucederam, e dos quais é este o último. Isto para o bem de quem quiser tirar proveito dela.
> Eu estava desorientado, e agora tenho como orientar-me; duvidava e agora estou seguro; estava desarmonizado no caos e agora estou em harmonia na ordem do Todo; então não sabia e agora sei. O meu desejo é que tanto trabalho permita que também outros compar-

---
[144] Pietro Ubaldi e o terceiro milênio, p. 242.
[145] Ibidem, p. 246.

tilhem destes benefícios, dos quais, por ter seguido este caminho, agora, no fim da minha vida, posso usufruir.[146]

Difícil descrever as emoções de alma tão sensível e generosa no momento seguinte a 40 anos de intenso trabalho. Porém, pensando nessa hora magna, vêm-nos logo à mente as palavras inesquecíveis que assinalam a conclusão de *A grande síntese*:

> Minha obra está terminada. Se durante anos e anos, uma humanidade diferente, muito maior e melhor, olhando para trás, pesquisar esta semente lançada com muita antecipação para ser logo fecundada e compreendida, e admirando-se como tenha sido possível adiantar-se aos tempos, tenha ela um pensamento de gratidão para o ser humano que, sozinho e desconhecido, realizou este trabalho, por meio de seu amor e de seu martírio.
> A sinfonia está escrita. O cântico emudece. Para ressurgir em outras formas noutros lugares. A voz apaga-se. O pensamento afasta-se de sua manifestação exterior, descendo ao âmago, para seu centro, no infinito.[147]

También nos cabe, aqui, o dever de falar um pouco acerca de *Cristo*, ponto final dos 24 volumes. De leitura obrigatória, para todos os que realmente se propõem a estudar e conhecer o pensamento ubaldiano, é, sem dúvida, um dos textos mais intrigantes e desafiadores da obra do Apóstolo da Úmbria porque tem, como tema central, a figura do Cristo, considerado nosso irmão na dor e na evolução. Examinai tudo – diria o apóstolo – e com atenção, diremos nós, porque é um livro muito bom.

1972

FEVEREIRO, 29. No quarto número 05 do Hospital São José, em São Vicente, desencarna Pietro Ubaldi. O melhor relato dos últimos momentos do maior pensador cristão do século 20 é o do querido Cláudio Picázio,

---
[146] *Cristo*, p. 283.
[147] *A grande síntese*, p. 375.

um dos fundadores da Editora Monismo e um dos mais chegados amigos da família:[148]

> Escrevo esta carta como um depoimento daquilo que vi, ouvi e senti, como testemunha ocular dos últimos instantes de vida no nosso querido, épico e imortal Pietro Ubaldi.
> No dia 28 de fevereiro, cheguei ao Hospital... às 22h45. Quarto número 05. Uma cama. Um relógio. À cabeceira, um crucifixo.
> Ubaldi semiconsciente respirava ao ritmo das batidas do coração.
> A seu lado o médico, Dr. Ivan, ajudado pelo Alberto, humilde e grande amigo da família, que servia de enfermeiro. Fora, sentados numa pequena sala de estar, a filha Agnese, Kokoszka e um casal amigo. [...]
> A ciência já tinha cumprido o seu trabalho. Restava agora somente a vontade de Deus. [...]
> Aos 20 minutos do dia 29, ele movimentou-se. Apoiou o corpo em seus braços com toda a energia e quase se sentou no leito. O médico e Alberto ajeitaram o travesseiro e ele acomodou-se numa posição melhor, como que esperando uma ordem a cumprir. Esboçou um leve sorriso de tranqüilidade e caiu na crise final. [...]
> Eram 0h30 do dia 29. Sobre a cama o corpo imóvel...

Seu enterro foi também exatamente como previsto em *História de um homem*, quase 40 anos antes:

> O seu corpo foi sepultado com simplicidade e pobreza. Se poucos se haviam preocupado com ele durante a vida, ninguém se preocupou durante a morte. O silêncio que ele tanto amara estendia-se sobre a sua campa. Nada se via do lado de fora: para o mundo, nada existira. Nada se escreveu no mármore sob o seu nome, mas o seu corpo teve a honra suprema da pobreza; os seus funerais não foram profanados pelos discursos, e sua morte não serviu de pretexto para expressões de vaidade de ninguém. Isto era o máximo, restituíra à terra o que a terra lhe emprestara, o seu corpo foi salvo da mentira das

---

[148] *Pietro Ubaldi e o terceiro milênio*, pp. 247-51.

honras humanas. Um manto de infinita paz se distendeu sobre os pobres restos mortais.[149]

Na mesma *História de um homem* podemos encontrar o que talvez seja a explicação do sobressalto final de Ubaldi, minutos antes de sua desencarnação:

> Aquele pensamento olhava-o intensamente; aquele afeto penetrava-o, aquela vontade arrebatava-o e aquela forma assumira lineamentos precisos. Reconheceu-a então. Mas jamais a divina visão lhe aparecera com tanta força e clareza. E então, contemplando-a com os olhos e com a alma, exclamou:
> – Cristo, Senhor!
> E assim ficou longo tempo. Seus lábios não tinham força para se moverem, mas entre a visão e ele, quem tivesse sentidos espirituais capazes, teria ouvido se desenvolver um breve colóquio:
> – Cristo, Senhor! – repetia ele.
> – Reconheces-me? – respondia a visão.
> – Reconheço-Te, Senhor.
> – Lembras-te?
> – Lembro-me.
> – Quem sou Eu?
> – Tu és Cristo, o filho de Deus.
> – Tu me amas?
> – Senhor, tu sabes todas as coisas, Tu sabes que Te amo.
> – Pedro, estás extenuado. Teu caminho está completo. Repousa em mim. Pousa tua cabeça sobre o meu peito e repousa.
> Aqui a visão se dilatou. Apareceram as margens do lago de Tiberíades, as doces colinas da Galiléia, a noite da paixão, o triunfo da ressurreição. E tudo ele, agora fora do espaço e do tempo, reviu intensamente, detalhadamente, não com o sentido de nostalgia para com a inalcançável realidade longínqua, como em vida, mas com um sentido de paz e felicidade.[150]

---

[149] História de um homem, p. 312.
[150] Ibidem, p. 310-11.

ABRIL. *O Reformador* noticia o falecimento de Pietro Ubaldi:

> À 1h30m do dia 29 de fevereiro último, em São Vicente, São Paulo, vitimado por um edema pulmonar, desencarnou o conhecido médium e escritor religioso Pietro Ubaldi, com a idade de 86 anos, rigorosamente como ele próprio profetizara, em seu livro *Profecias*. Sua principal obra foi escrita em 1932 e lançada em português em 1939, pela Federação Espírita Brasileira, em brilhante tradução de Guillon Ribeiro: *A grande síntese*. Notável trabalho mediúnico... O Espírito Emmanuel fez-lhe a seguinte referência, em mensagem recebida por Francisco Cândido Xavier e inserida no prefácio da edição da FEB: "*A grande síntese* é o Evangelho da Ciência, renovando todas as capacidades da religião e da filosofia, reunindo-as à revelação espiritual e restaurando o messianismo do Cristo, em todos os institutos da evolução terrestre."

1986

OUTUBRO. *O Reformador* presta homenagem a Pietro Ubaldi na comemoração do centenário de seu nascimento: "É com satisfação que *O Reformador* registra o primeiro centenário de nascimento desse eminente servidor e divulgador do Cristo e dos ensinamentos evangélicos."

NOVEMBRO. Prossegue a Casa de Ismael nas homenagens ao centenário de nascimento de Ubaldi, lembrando a visita feita às suas instalações em julho de 1951.

1991

ABRIL. *O Reformador* publica homenagem do confrade Mário Frigéri a "três obras-primas da humanidade" – a Bíblia, *O livro dos espíritos* e *A grande síntese* – na forma de três poemas, – um deles dedicado a Sua Voz:

> Quantas vezes ao pé desta montanha
> – templo de deuses, forja de avatares –
> Tangido pela fé, que me acompanha,
> Sonhei galgar seus cimos estelares.

Mas ao transpor silentes patamares,
Arrebatou-nos esta visão estranha:
Mais fulgurante que os raios solares,
Havia um sol brilhando em sua entranha!

Oh! Deus! Como é infinito o panorama
Que destas grimpas Teu Poder proclama!
Só Tu, Senhor, e eu, nesses espaços...

E é tanta a luz que aqui minha alma banha,
Que nunca mais descerei a montanha:
Feliz hei de morrer entre teus braços.!

1997

AGOSTO. Realiza-se em Brasília o primeiro Congresso Pietro Ubaldi, retomando a tradição dos eventos realizados a partir de meados dos anos 60, prosseguindo nas décadas de 1970 e 80. Desde então, têm ocorrido edições anuais desta iniciativa, propiciando amplo conhecimento e troca de idéias entre os que admiram a obra ubaldiana. O de 98 foi na cidade de São Paulo, o de 99 em Salvador, o de 2000 em Goiânia, o de 2001 em Belo Horizonte, com quase 600 pessoas presentes. A edição deste ano será no Rio de Janeiro, a partir de 30 de agosto, mantendo assim a tradição dos eventos anteriores.

1995-2000

Com o advento da internet, no Brasil surgem os *sites* ou páginas sobre Ubaldi na grande rede mundial, favorecendo ainda mais a divulgação de sua obra. Neste momento temos no ar quatro *homepages*, trazendo entre outros conteúdos a biografia de Ubaldi, análise bem como os textos de seus livros para *download*, grupos de debate etc. Destacamos os seguintes endereços:

http://www.geocities.com/Athens/Academy/9258
http://orbita.starmedia.com/~porland
http://www.imh.com.br/congressoubaldi

Página do Instituto Pietro Ubaldi:
http://www.ubaldi.org.br

2001
Ano de festa para os admiradores de Ubaldi: 70 anos da "Mensagem de Natal", 50 anos de Ubaldi no Brasil, 30 anos da conclusão de seu trabalho. Passa o tempo e sua obra fica sempre mais atual. Dada a aderência ao Evangelho, repete, de certa forma, a sua jornada ao longo da história.

OBRAS DE PIETRO UBALDI

. *Grandes mensagens*
. *A grande síntese – síntese e soluções dos problemas da ciência e do espírito*
. *As noúres – técnica e recepção das correntes de pensamento*
. *Ascese mística*
. *História de um homem*
. *Fragmentos de pensamento e de paixão*
. *A nova civilização do terceiro milênio*
. *Problemas do futuro*
. *Ascensões humanas*
. *Deus e universo*
. *Profecias*
. *Comentários*
. *Problemas atuais*
. *O sistema – gênese e estrutura do Universo*
. *A grande batalha*
. *Evolução e Evangelho*
. *A lei de Deus*
. *A técnica funcional da lei de Deus*
. *Queda e salvação*
. *Princípios de uma nova ética*

. *A descida dos ideais*
. *Um destino seguindo Cristo*
. *Pensamentos*
. *Cristo*

ANEXO

NO ROTEIRO CRISTÃO

Em verdade Cristo avança ...

E se realmente necessitamos da sabedoria que lhe erija um trono de glorificação no cérebro dos homens, não podemos prescindir do amor que lhe pavimenta o caminho no reino das almas.

Há cultura da inteligência e há cultura do coração.

É por isso que, aceitando o campo vasto do Espiritismo Evangélico por abençoada escola de preparação, à frente do futuro, compreendemos que a fenomenologia possui o destacado lugar que lhe compete, nos arraiais doutrinários, e não ignoramos que as ilações filosóficas constituem complemento inalienável do programa de ensi-namentos que integram o patrimônio sublime da Nova Revelação.

Assinalamos, no entanto, por serviço urgente e ina-diável a educação do homem interior, afeiçoando-o ao Evangelho redivivo, nos padrões do Cristo, energias cria-doras do caráter e do sentimento e únicos moldes de ele-vação moral, suscetíveis de garantir a renovação do mundo.

Se o Mestre torna ao Planeta, por intermédio de vo--zes inúmeras, que se fazem emissárias do seu verbo de luz, não podemos, indiscutivelmente, olvidar a construção dos caminhos espirituais, destinados a veicular-lhe a divina influenciação.

É por esse motivo que nos detemos no esforço de erguimento da alma popular a mais altos níveis, a fim de que a fortuna científica de alguns se descentralize, a bene-fício de todos, e para que a glória do amor se incline ao fundo vale, onde se debatem as força desvairadas da dis-córdia e da ignorância, desintegrando as nuvens de miséria e de dor que impedem a planificação da Terra melhor, sob a inspiração do nosso Divino Mestre.

Nesse sentido, urge nos convertamos, não somente, em ouvintes atenciosos da palavra ou em pregoeiros de fraseologia brilhantes, mas igualmente em trabalhadores ativos e irmãos capazes de suportar a charrua que reabilita o terreno para a nova sementeira, colaborando na edificação coletiva do Mundo, efetivamente digno do título de Humanidade, que indevidamente ostentamos.

A esfera de serviço agiganta-se em todos os aspectos e Jesus na vanguarda, pede mãos operosas e corações de--votados ao Infinito Bem que extirpem da plantação espiri-tual do mundo os vermes destruidores do egoísmo e do orgulho, da maldade e do ódio, sem eliminar a vida pro-missora das vergônteas valiosas que enriquecerão a gleba planetária, no futuro glorioso, reclamando braços que não se recolham, desalentados e indolentes, diante da pertur-bação e do sofrimento, da dificuldade e da sombra, colo-cando, acima de tudo, a obra que nos compete desenvolver, e incentivando, com o milagre da boa vontade incessante, a criação da mente cristã, segura e compreensiva, apta a aplicar, com alegria, os sagrados princípios que a Boa Nova nos convida a materializar, na legítima consagração do Reino do Amor entre todas as criaturas.

A hora moderna, saturada de doutrinação verbalísti--ca, através da hipertrofia da inteligência, exige entendi--mento e ação, ensino e prática, teoria e exemplo, palavras e obras, conclusões e fatos, ideal e realização.

A crise de instrutores gera crises de ignorância, tanto quanto a preguiça do semeador faz a indigência da celeiro.

E para que não nos desdenhemos nos precipícios da morte e da treva, plasmando com a nossa própria riqueza cerebral o catafalco de nossas grandezas, é imprescindível a concentração de grandes falanges de servidores da luz, no aperfeiçoamento do coração, afim de que o Senhor encontre sendas abertas, nos campos do espírito em que nos agitamos, promovendo, com segurança, a nossa redenção.

Em toda a parte, esperam por nós a educação da assistência, solicitando-nos não apenas projetos salva--cionistas, mas também atitude regeneradora e trabalho fecundo para que todos os nossos companheiros de peregrinação terrestre, nas diversas estações em que a nossa romagem se subdivide, en-contrem na atuação de nossa fé o concurso da fraternidade real, sentida, vivida e intensamente apli-cada, possibilitando, assim, a manifestação do Reino de Deus, entre nós, na exaltação do presente e na garantia do porvir.

Eis porque o Espiritismo para nós outros significa acesso a Era Nova, compelindo-nos a melhoria da co-mu-nidade pelo aprimoramento de nós mesmos. Nele encon-tramos a Doutrina de Luz, espontâneo templos de caridade e compreensão no espírito humano, arrebatando-nos a alma ao cárcere das trevas e conduzindo--nos ao trabalho salutar e santificante, através do qual traçaremos o roteiro abençoado em que o Mestre nos retomará ao seu regaço, reconduzindo-nos para o engrandecimento do seu reinado de amor, hoje e sempre.

EMMANUEL

(Página psicografada pelo médium Francisco Cândido Xavier, quando da visita de Pietro Ubaldi, em 17 de Agosto de 1951, à cidade de Pedro Leopoldo)

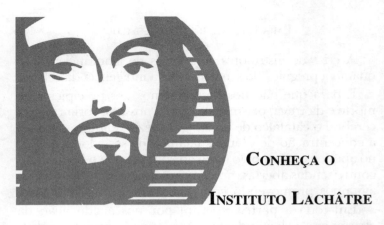

Conheça o
Instituto Lachâtre

O Instituto Lachâtre é uma associação que tem por finalidade difundir o espiritismo, como foi definido por Allan Kardec, de maneira ampla, por todos os meios que estiverem ao seu alcance.

Como reflexo do pensamento de seus associados, o Instituto Lachâtre compreende a doutrina espírita em seu tríplice aspecto – filosófico, científico e moral – e considera que todo o conhecimento humano está sempre em constante transformação e que a maior riqueza de que dispõe o espiritismo é a constante evolução de sua doutrina a partir da multiplicidade de contribuições de todos os seus participantes, sejam encarnados ou desencarnados. Por este motivo, o Instituto Lachâtre buscará refletir, sempre que possível, a diversidade do pensamento espírita em suas ações.

Ao definir a personalidade de Maurice Lachâtre, adepto do espiritismo, revolucionário, escritor e editor do século 19, como patrono do Instituto, busca-se, entre outras coisas, defender valores vivenciados pelo referido personagem, pensador que une a atividade intelectual de editor e escritor à ação revolucionária de transformação do mundo em que vive, que não teme rever conceitos, se os considera ultrapassados, para adotar novos princípios e que não busca projetar seu próprio nome para reconhecimento público, mas dedica-se a difundir as ideias e ideais que acredita possam melhorar a sociedade em que vive, independent dos nomes que as assinam.

Associe-se a esta proposta.
http://www.lachatre.org.br
Fone (11) 4063-5354

Se você gostou desta obra, precisa conhecer outros autores e romances da Lachâtre

Lachātre

INSTITUTO LACHÂTRE
Caixa Postal 164 – CEP 12914-970 – Bragança Paulista – SP
Telefone: 11 4063-5354
Página na internet: www.lachatre.org.br
E-mail: editora@lachatre.org.br

O Magneto

Mauro Camargo

Conheça, neste romance, um dos mais insólitos empreendimentos, que uniu para a sua realização o Brasil e a França, envolvendo o socialismo, a homeopatia e o magnetismo animal, ciências precursoras do espiritismo.

O Flagelo de Hitler

Albert Paul Dahoui

O Flagelo de Hitler é uma obra que se atém na história de uma pequena comunidade de espíritos que se encontra no momento de definir o seu futuro. Somente os que propuserem à verdadeira transformação moral poderão permanecer na Terra.

O Resgate

Octávio Augusto

O Resgate é um romance atualíssimo que se passa em 2011, em meio à "Primavera Árabe", onde coragem, dedicação e amor se misturam para conseguir libertar, mais do que uma sociedade oprimida, corações acorrentados a um passado vicioso.

Ternura e Desejo

Rita Foelker

    Seis pessoas, em busca de felicidade e realização profissional, enfrentam suas próprias fragilidades com as forças que encontram dentro de si mesmas, e também na amizade sincera de seres deste e do "outro mundo".
    Ternura, desejo, sensualidade, dedicação e afeto surgirão em seus caminhos. E cada qual escolherá a direção a seguir.

Esta edição foi impressa em junho de 2012 pela Sermograf Artes de Gráfica e Editora, de Petrópolis, RJ, para o Instituto Lachâtre, sendo tiradas mil cópias, todas em formato fechado 140x210mm e com mancha de 95x165mm. Os papéis utilizados foram o Off-set 75g/m^2 para o miolo e o Cartão Supremo 300g/m^2 para a capa. O texto principal foi composto em Baskerville 12/13,2, os títulos foram compostos em Baskerville 18/21. A programação visual da capa foi elaborada por Andrei Polessi.